职业教育"十四五"规划教材·**数智财经系列**

财务会计实务

马承金 / 主　审

文志红　潘　平　郭冬梅 / 主　编

吴扣生　郑　蕊　任广荣　吴文瑞 / 副主编

图书在版编目(CIP)数据

财务会计实务 / 文志红主编. —上海：立信会计出版社，2024.1
职业教育"十四五"规划教材数智财经系列
ISBN 978-7-5429-7493-8

Ⅰ.①财… Ⅱ.①文… Ⅲ.①财务会计—会计实务—职业教育—教材 Ⅳ.①F234.4

中国国家版本馆 CIP 数据核字(2024)第 000517 号

策划编辑　陈　旻
责任编辑　陈　旻
美术编辑　吴博闻

财务会计实务
CAIWU KUAIJI SHIWU

出版发行	立信会计出版社	
地　　址	上海市中山西路 2230 号	邮政编码　200235
电　　话	(021)64411389	传　　真　(021)64411325
网　　址	www.lixinaph.com	电子邮箱　lixinaph2019@126.com
网上书店	http://lixin.jd.com	http://lxkjcbs.tmall.com
经　　销	各地新华书店	
印　　刷	上海万卷印刷股份有限公司	
开　　本	787 毫米×1092 毫米　1/16	
印　　张	10.75	
字　　数	268 千字	
版　　次	2024 年 1 月第 1 版	
印　　次	2024 年 1 月第 1 次	
书　　号	ISBN 978-7-5429-7493-8/F	
定　　价	48.00 元	

如有印订差错，请与本社联系调换

前　言

党的二十大报告提出,"统筹职业教育、高等教育、继续教育协同创新,推进职普融通、产教融合、科教融汇,优化职业教育类型定位",再次为职业教育行业发展注入活力。在深入企业调研,充分考虑职教高考、职称考试和未来岗位需求的基础上,我们组织长期工作在一线的教师、企业专家编写了《财务会计实务》一书。本书的编写遵循了"学做一体,注重技能"的原则,满足以能力提升为导向的教学需要。

本书具有以下特色:

(1) 内容新颖,体系完整。本书依据《企业会计准则》,参考 2023 年初级会计职称考试教材、2023 年职教高考考试大纲编写,吸收了最新财政、税收政策。本书编写采用任务驱动法设计,设置项目描述、学习目标、案例导入、知识导航、知识课堂、知识拓展和考一考等栏目,方便学生练习,并在每个项目后设置同步训练,充分体现教材的系统性和科学性。

(2) 案例引领,突出素质培养。本书在每个项目的学习目标中设置了知识目标、能力目标和素质目标等模块,并以案例导入课程内容,将社会主义核心价值观、依法治国和会计职业道德等有机融入项目教学内容,引导学生树立正确的价值观和人生观。

(3) 贯彻"岗课赛证融通"原则。企业专家全程参与本书编写,实现产教融合,突破理实分立的现有教材体系;将职教高考、技能大赛、1+X 证书和职称考试内容融入本书,推进职普融通、课证融通。

(4) 教学资源丰富。为配合教学,编者精心设计了电子课件、电子教案等,方便读者使用。

本书由文志红、潘平和郭冬梅担任主编,由吴扣生、郑蕊、任广荣和吴文瑞担任副主编。全书各项目编写分工如下:马承金编写前导篇,任广荣编写项目一,潘平编写项目二和项目三,文志红编写项目四和项目七,吴扣生编写项目五,吴文瑞编写项目六,郭冬梅编写项目八、项目九和项目十,郑蕊负责各项目的学习目标、知识导航的设计,文志红负责全书的总纂、修改并定稿,马承金负责全书的审核。

在本书编写过程中,我们得到山东舜天信诚会计师事务所殷宪成、济宁金钥匙代理记账公司王峰等同志的大力支持,同时我们还参考了业内专家学者的教材和文章,借鉴了相关专家的观点,在此谨向这些作者致以诚挚的谢意。

编者

目　　录

前导篇　财务会计基础 ·· 001
　　任务一　财务会计概述 ·· 002
　　任务二　会计核算的基本假设和会计计量属性 ······················· 003
　　任务三　会计信息质量要求 ·· 005
　　任务四　财务会计要素 ·· 007

项目一　货币资金 ·· 009
　　任务一　库存现金的核算 ·· 010
　　任务二　银行存款的核算 ·· 015
　　任务三　其他货币资金的核算 ·· 021
　　同步训练 ·· 024

项目二　交易性金融资产 ·· 025
　　任务一　交易性金融资产概述 ·· 026
　　任务二　交易性金融资产核算 ·· 026
　　同步训练 ·· 031

项目三　应收及预付款项 ·· 032
　　任务一　应收票据的核算 ·· 033
　　任务二　应收账款的核算 ·· 036
　　任务三　预付账款和其他应收款的核算 ·································· 037
　　任务四　应收款项减值的核算 ·· 040
　　同步训练 ·· 043

项目四　存货 ·· 045
　　任务一　存货概述 ·· 046
　　任务二　原材料的核算 ·· 050
　　任务三　委托加工物资及库存商品的核算 ······························ 056
　　任务四　周转材料的核算 ·· 059
　　任务五　存货清查的核算 ·· 062
　　同步训练 ·· 063

项目五 固定资产 ··· 065
- 任务一 固定资产概述 ·· 066
- 任务二 固定资产取得的核算 ·· 068
- 任务三 固定资产折旧的核算 ·· 073
- 任务四 固定资产后续支出的核算 ··· 076
- 任务五 固定资产处置及清查的核算 ·· 078
- 同步训练 ··· 082

项目六 无形资产和长期待摊费用 ··· 084
- 任务一 无形资产概述 ·· 085
- 任务二 无形资产的核算 ··· 087
- 任务三 长期待摊费用的核算 ·· 091
- 同步训练 ··· 092

项目七 负债 ·· 093
- 任务一 短期借款的核算 ··· 094
- 任务二 应付票据与应付账款的核算 ·· 095
- 任务三 应付职工薪酬的核算 ·· 097
- 任务四 应交税费的核算 ··· 102
- 任务五 其他流动负债的核算 ·· 109
- 任务六 长期借款的核算 ··· 112
- 同步训练 ··· 113

项目八 所有者权益 ··· 115
- 任务一 所有者权益概述 ··· 116
- 任务二 实收资本的核算 ··· 117
- 任务三 资本公积的核算 ··· 119
- 任务四 留存收益的核算 ··· 120
- 同步训练 ··· 123

项目九 收入、费用和利润 ·· 124
- 任务一 收入的核算 ·· 125
- 任务二 费用的核算 ·· 137
- 任务三 利润的核算 ·· 139
- 同步训练 ··· 142

项目十 财务报告 ·· 145
- 任务一 财务报告概述 ·· 146

任务二　资产负债表的编制 …………………………………………………… 148
任务三　利润表的编制 ……………………………………………………… 155
同步训练 ……………………………………………………………………… 159

前导篇　财务会计基础

项目描述

20世纪50年代以来,随着现代科学技术的发展,传统会计逐步发展出财务会计和管理会计两大分支,共同服务于市场经济条件下的现代企业。财务会计是以货币为主要计量单位,依据会计规范,对企业已经发生的交易或事项进行确认、记录、计量,并以财务会计报告为主要形式,定期向报告使用者提供信息的管理活动;管理会计与财务会计并列,是利用财务会计提供的信息,着重为企业进行最优决策,改善经营管理,提高经济效益的管理活动。本项目着重介绍财务会计特点、目标和要素等基础知识。

学习目标

知识目标
1. 理解财务会计的特点和目标。
2. 了解会计核算的基本假设和会计计量属性。
3. 知悉会计信息质量要求。
4. 熟悉会计要素。

能力目标
1. 能够灵活运用会计计量属性对会计要素进行计量。
2. 能够正确理解会计信息质量要求的内涵。

素质目标
培养学生诚实守信、爱岗敬业的职业道德。

案例导入

广夏(银川)实业股份有限公司(简称银广夏)于1994年6月在深交所上市,是宁夏回族自治区的首家上市公司。上市之初,银广夏主要从事软磁盘生产业务。但随着软磁盘行业竞争加剧导致大部分生产企业亏损,银广夏开始积极寻求转型发展。其间做过牙膏、海洋物产、牛黄、白酒、葡萄酒和麻黄草等产品,但业绩表现均一般。直到1998年,银广夏业绩发生转折,年度财务报告披露,1998年增加利润1 776.10万元;1999年增加利润17 781.86万元;2000年增加利润56 704.74万元。在靓丽的业绩和极具想象空间的产能扩张背景下,银广夏受到了广大投资者的追捧,公司股价也连创新高,一度被称为"中国第一蓝筹股"。然而,纸终究包不住火,2001年8月,《财经》杂志发表的封面文章《银广夏陷阱》揭开了"中国第一蓝筹股"的财务造假行为,这是中国股市首个被披露的造假案例,引得市场一片哗然。"银

"广夏事件"严重地挫伤了当时投资者的信心,引发了一场前所未有的股票市场信用危机。银广夏以"不可能的产量、不可能的价格、不可能的产品"虚构财务报表,操纵企业利润,属于典型的财务会计造假。

[摘自《中国证监会关于广夏(银川)实业股份有限公司严重违法违规案件的通报》,2002 年 4 月 23 日]

案例中提到了"财务会计造假",谈谈你对会计信息质量要求的了解。

知识导航

```
                                  ┌── 财务会计的特点
                  ┌── 财务会计概述 ┤
                  │                └── 财务会计的目标
                  │
                  │ 会计核算的基本  ┌── 会计核算的基本假设
                  ├── 设和会计计量属性 ┤
                  │                └── 会计计量属性
                  │                ┌── 可靠性
                  │                ├── 相关性
                  │                ├── 可理解性
 财务会计基础 ────┤  会计信息质量要求 ┼── 可比性
                  │                ├── 实质重于形式
                  │                ├── 重要性
                  │                ├── 谨慎性
                  │                └── 及时性
                  │                ┌── 反映财务状况的会计要素
                  └── 财务会计要素 ┤
                                   └── 反映经营成果的会计要素
```

任务一 财务会计概述

知识课堂

一、财务会计的特点

财务会计是现代企业的一项重要的基础性工作,通过一系列会计程序,提供对决策有用的信息,并积极参与经营管理决策,提高企业经济效益,服务于市场经济的健康有序发展。

财务会计具有以下特点:

(1) 以计量和传送信息为主要目标。财务会计的主要目标是向企业的投资者、债权人、政府部门,以及社会公众提供会计信息。这种信息特别是历史信息反映企业的整体情况。

(2) 以财务会计报告为工作核心。财务会计作为一个会计信息系统,以财务会计报告为最终结果。现代财务会计将财务会计报告的编制放在突出位置,财务会计报告的编制是

财务会计的工作核心。

（3）以传统会计模式作为数据处理和信息加工的基本方法。为了提供财务会计报告，会计人员要熟练运用信息加工处理的方法。传统的会计模式依据复式记账系统，以权责发生制为基础，遵循历史成本原则，为财务会计提供了处理方法。

（4）以公认会计原则为基本原理和准则。公认会计原则是指导财务会计工作的基本原理和准则，是组织会计活动、处理会计业务的规范。

  财务会计和管理会计是传统会计发展到一定阶段产生的两个分支，两者处在相同的工作环境，共同为企业实现管理目标和经营目标服务。管理会计所需的许多资料来源于财务会计系统，受到财务会计工作质量的约束。管理会计通过财务会计核算、分析方面的优势收集资料、处理资料；财务会计则通过管理会计的先进方法简化会计核算，强化会计分析和检查，提供会计信息。两者相互依存，相互制约，相互补充。随着人工智能时代下财务机器人、云计算的逐渐兴起，企业会计正从财务会计向管理会计转型。

二、财务会计的目标

财务会计目标是财务会计基本理论的重要组成部分，是财务会计理论体系的基础，即财务会计期望达到的目的或境界，整个财务会计理论体系和会计实践是建立在财务会计目标的基础上的。

财务会计目标是向财务会计报告使用者提供与企业财务状况、经营成果和现金流量等有关的会计信息，反映企业管理层受托责任履行情况，有助于财务会计报告使用者做出经济决策。财务会计报告使用者包括投资者、债权人、政府及其有关部门和社会公众等。

任务二　会计核算的基本假设和会计计量属性

一、会计核算的基本假设

会计核算的基本假设是企业会计确认、计量、记录和报告的前提，是对会计核算所处时间、空间环境等所做的合理设定。会计核算的基本假设包括会计主体、持续经营、会计分期和货币计量。

（一）会计主体

会计主体是指会计工作服务的特定单位，是企业会计确认、计量、记录和报告的空间范围。在会计主体假设下，企业应当对其自身发生的交易或者事项进行会计确认、计量、记录和报告，反映企业自身所从事的各项生产经营活动。明确界定会计主体是开展会计确认、计量、记录和报告工作的重要前提。

(二) 持续经营

持续经营是指会计主体在可以预见的未来,将会按当前的规模和状态继续经营下去,不会停业,也不会大规模削减业务。

企业是否持续经营,在会计原则、会计方法的选择上有很大差别。一般情况下,应当假定企业将会按照当前的规模和状态继续经营下去。明确这个基本假设,就意味着会计主体将按照既定用途使用资产,按照既定的合约条件清偿债务,会计人员就可以在此基础上选择会计原则和会计方法。

(三) 会计分期

会计分期是指会计主体将持续经营的生产经营活动划分为一个个连续的、长短相同的期间。

在会计分期假设下,企业应当划分会计期间,分期结算账目和编制财务会计报告。会计期间通常分为年度和中期。年度是指公历1月1日至12月31日的报告期间。中期是指短于一个完整的会计年度的报告期间,包括会计月度、会计季度和半年度。

(四) 货币计量

货币计量是指会计主体在财务会计确认、计量、记录和报告时以货币作为主要计量单位反映会计主体的生产经营活动。

我国的会计核算应以人民币为记账本位币。业务收支以外币为主的企业,也可以选择某种外币作为记账本位币,但编制的财务会计报告应当折算为人民币反映;在境外设立的中国企业向境内报送的财务会计报告,应当折算为人民币。此外,选择外币作为记账本位币的企业应考虑币值稳定的问题。

上述会计核算的四项基本假设,具有相互依存、相互补充的关系。会计主体确立了会计核算的空间范围,持续经营与会计分期确立了会计核算的时间范围,而货币计量则为会计核算提供了必要的手段。没有会计主体,就没有持续经营;没有持续经营,就不会有会计分期;没有货币计量,就不会有现代会计。

> 会计核算的基本假设是企业会计确认、计量和报告的前提,它包括(　　)。
> A. 会计主体、会计对象、会计分期和会计基础
> B. 会计主体、持续经营、会计分期和货币计量
> C. 会计对象、持续经营、会计分期和货币计量
> D. 会计对象、会计分期、会计基础和货币计量

二、会计计量属性

会计计量是为了将符合确认条件的会计要素登记入账并列报于财务报表而确定其金额的过程。会计计量属性主要包括历史成本、重置成本、可变现净值、现值和公允价值。

(一) 历史成本

在历史成本计量下,资产按照购置时支付的现金或者现金等价物的金额,或者按照购置

时所付出的对价的公允价值计量。负债按照因承担现时义务而实际收到的款项或者资产的金额，或者承担现时义务的合同金额，或者按照日常活动中为偿还负债预期需要支付的现金或者现金等价物的金额计量。

（二）重置成本

在重置成本计量下，资产按照现在购买相同或者相似资产所需支付的现金或者现金等价物的金额计量。负债按照现在偿付该项债务所需支付的现金或者现金等价物的金额计量。

（三）可变现净值

在可变现净值计量下，资产按照其正常对外销售所能收到现金或者现金等价物的金额扣减该资产至完工时估计将要发生的成本、估计的销售费用以及相关税费后的金额计量。

（四）现值

在现值计量下，资产按照预计从其持续使用和最终处置中所产生的未来净现金流入量的折现金额计量。负债按照预计期限内需要偿还的未来净现金流出量的折现金额计量。

（五）公允价值

在公允价值计量下，资产和负债按照在公平交易中，熟悉情况的交易双方自愿进行资产交换或者债务清偿的金额计量。

任务三　会计信息质量要求

知识课堂

会计信息质量要求是会计信息使用者对会计信息的基本规范要求，主要包括可靠性、相关性、可理解性、可比性、实质重于形式、重要性、谨慎性和及时性等。

一、可靠性

可靠性要求企业以实际发生的交易或者事项为依据进行会计确认、计量、记录和报告，如实反映符合确认和计量要求的各项会计要素及其他相关信息，保证会计信息真实可靠、内容完整。

二、相关性

相关性要求企业提供的会计信息与财务会计报告使用者的经济决策需要相关，有助于报告使用者对企业过去、现在的情况作出评价，对未来的情况作出预测。

相关性是以可靠性为基础的，企业需要在确认、计量、记录和报告会计信息的过程中，充分考虑使用者的决策模式和信息需要。

三、可理解性

可理解性要求企业提供的会计信息清晰明了、简明扼要，便于财务会计报告使用者理解和使用。

四、可比性

可比性要求企业提供的会计信息相互可比,能保证同一企业不同时期可比、不同企业相同会计期间可比。这主要包括两层含义。

(一) 同一企业不同时期可比

会计信息质量的可比性要求同一企业对不同时期发生的相同或者相似的交易或者事项,采用一致的会计政策,不得随意变更。但是,满足会计信息可比性要求,并非表明企业不得变更会计政策,如果按照规定或者在会计政策变更后可以提供更可靠、更相关的会计信息,可以变更会计政策。有关会计政策变更的情况,应当在附注中予以说明。

(二) 不同企业相同会计期间可比

会计信息质量的可比性要求不同企业对同一会计期间发生的相同或者相似的交易或者事项,采用一致的会计政策,确保会计信息口径一致、相互可比,以使不同企业按照一致的确认、计量、记录和报告要求提供有关的会计信息。

五、实质重于形式

实质重于形式要求企业按照交易或者事项的经济实质进行会计确认、计量、记录和报告,不应仅以交易或者事项的法律形式为依据。

六、重要性

重要性要求企业提供的会计信息反映与企业财务状况、经营成果和现金流量有关的所有重要交易或者事项。

对于重要会计事项,企业必须按照规定的会计方法和程序进行处理,并在财务会计报告中予以充分、准确地披露;对于次要的会计事项,在不影响会计信息真实性和不至于误导财务会计报告使用者做出正确判断的前提下,可适当简化处理。

在实务中,如果会计信息的省略或者错报会影响投资者等会计信息使用者据此做出决策,该信息就具有重要性。重要性的应用需要依赖职业判断,企业应当根据其所处环境和实际情况,从项目的性质和金额大小两方面加以判断。

七、谨慎性

谨慎性要求企业对交易或者事项进行会计确认、计量、记录和报告时应当保持应有的谨慎,不应高估资产或者收益、低估负债或者费用。

会计信息质量的谨慎性要求,需要企业在面临不确定性因素的情况下做出职业判断。例如,企业对可能发生的资产减值损失计提资产减值准备、对售出商品可能发生的保修义务等确认预计负债,就体现了会计信息质量的谨慎性要求。

谨慎性的应用不允许企业设置秘密准备,如果企业故意低估资产或者收益,或者故意高估负债或者费用,则不符合会计信息的可靠性和相关性要求,损害会计信息质量,扭曲企业实际的财务状况和经营成果,从而对使用者的决策产生误导,这是会计准则所不允许的。

"要求企业对可能发生的资产减值损失计提资产减值准备"的会计信息质量要求是(　　)。

A. 可靠性　　　　　　　　B. 实质重于形式
C. 重要性　　　　　　　　D. 谨慎性

八、及时性

及时性要求企业对已经发生的交易或者事项,及时进行确认、计量、记录和报告,不得提前或者延后。

在会计确认、计量、记录和报告过程中贯彻及时性,一是要求企业及时收集会计信息,即在经济交易或者事项发生后,及时收集整理各种原始单据或者凭证;二是要求企业及时处理会计信息,即按照会计准则的规定,及时对经济交易或者事项进行确认、计量和记录,并编制财务会计报告;三是要求企业及时传递会计信息,即按照国家规定的有关时限,及时将编制的财务会计报告传递给会计信息使用者,以便其及时使用和进行决策。

任务四　财务会计要素

会计要素又称财务会计报告要素,是财务会计工作的具体对象,是反映企业财务状况、确定企业经营成果的因素。企业应当按照交易或者事项的经济特征确定会计要素。会计要素包括资产、负债、所有者权益、收入、费用和利润。

一、反映财务状况的会计要素

(一)资产

资产是指企业过去的交易或者事项形成的,由企业拥有或者控制的,预期会给企业带来经济利益的资源。

资产分为流动资产和非流动资产。

(二)负债

负债是指企业过去的交易或者事项形成的,预期会导致经济利益流出企业的现时义务。

负债包括流动负债和非流动负债。

(三)所有者权益

所有者权益又称股东权益,是指企业资产扣除负债后由所有者享有的剩余权益,即所有者对企业资产的剩余索取权。

所有者权益的来源包括所有者投入的资本、直接计入所有者权益的利得和损失以及留存收益等。

资产、负债和所有者权益三者之间在数量上存在恒等关系，即：

$$资产＝负债＋所有者权益$$

二、反映经营成果的会计要素

（一）收入

收入是指企业在日常活动中形成的、会导致所有者权益增加的、与所有者投入资本无关的经济利益的总流入。其中，"日常活动"是指企业为完成其经营目标所从事的经常性活动以及与之相关的活动。

（二）费用

费用是指企业在日常活动中发生的、会导致所有者权益减少的、与向所有者分配利润无关的经济利益的总流出，是企业获得收入而付出的相应"代价"。

在会计要素中，费用是指企业在日常活动中发生的经济利益的总流出，可表现为（　　）。

A. 资产的减少　　　　　　　　B. 负债的减少

C. 资产的增加　　　　　　　　D. 所有者权益的增加

（三）利润

利润是指企业在一定会计期间生产经营活动中取得的经营成果，包括收入减去费用后的余额、直接计入当期损益的利得和损失。

企业的利润按照构成方式不同，分为营业利润、利润总额和净利润。

收入、费用和利润之间的关系，可表示为：

$$收入－费用＝利润$$

利得是指由企业非日常活动所形成的、会导致所有者权益增加的、与所有者投入资本无关的经济利益的流入，如罚款收入；损失是指由企业非日常活动中发生的、会导致所有者权益减少的、与向所有者分配利润无关的经济利益的流出，如对外捐赠支出。

以上六大会计要素相互影响、密切联系，全面、综合地反映企业的经济活动。

项目一　货币资金

 **项目描述**

货币资金是指企业拥有的、以货币形式存在的资产,包括库存现金、银行存款和其他货币资金。货币资金是企业资金运动的起点和终点,是企业生产经营的先决条件。随着再生产过程的进行,企业会产生频繁的货币收支。本项目重点介绍货币资金的三种表现形式,即库存现金、银行存款和其他货币资金。

 学习目标

知识目标
1. 了解货币资金和银行结算方式的内容。
2. 掌握货币资金的核算及清查。

能力目标
1. 能够理解各种结算方式。
2. 能够准确对货币资金进行核算。
3. 能够为管理层决策提供金融信息。

素质目标
1. 培养学生严谨细致的工作作风和精益求精的工匠精神。
2. 培养学生诚实守信、廉洁自律的职业道德。

 案例导入

"别人都是三十而立,而我却是三十而坐,确切地说,我还不到 30 岁,就坐在冰冷的监狱中,之后十几年都要为自己犯下的罪过后悔。"拉萨市公交出租汽车有限公司原财务会计唐某细数自己违纪违法事实和贪腐堕落轨迹,声泪俱下、悔恨不已。唐某在 2016 年 6 月至 2021 年 5 月,采取截留资金、将公款从对公账户转入个人账户等方式侵吞公款 960 余万元,并挪用公款 45 万元。2021 年 10 月,他因犯贪污罪、挪用公款罪,被判处有期徒刑 12 年。唐某错把贪图享乐当人生目标,错把会计工作当捞钱工具,错把不良习气当兴趣爱好,既暴露出其自身理想信念崩塌、价值观扭曲、法纪意识淡薄等问题,又反映出单位资金监管缺位错位。

(摘自《西藏日报》2023 年 3 月 27 日《西藏拧紧基层财务人员监督发条——规范基层财务管理守好"钱袋子"》)

案例中"单位资金"主要是指什么?唐某违反了哪些会计职业道德?

知识导航

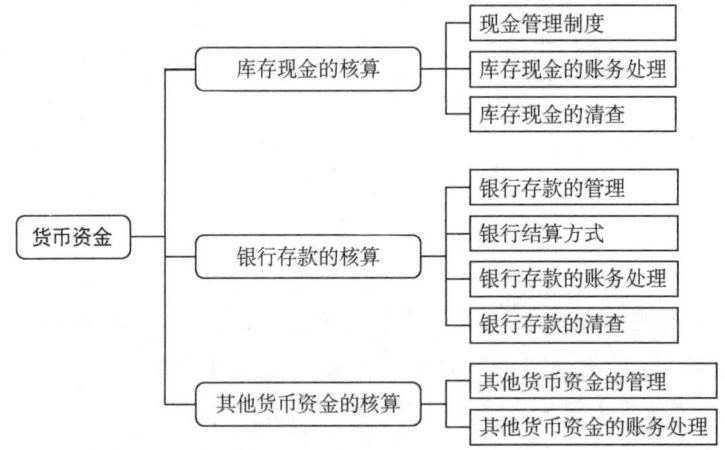

任务一 库存现金的核算

知识课堂

库存现金是指存放在企业财务部门、由出纳经管的货币。它是企业流动性最强的资产，企业应严格遵守国家和企业有关现金管理制度，正确进行现金收支的核算，监督现金使用的合法性与合理性。

一、现金管理制度

按照国务院发布的《现金管理暂行条例》的规定，企业现金管理制度主要包括以下内容。

（一）现金的使用范围

现金的使用范围包括：

(1) 职工工资、津贴。

(2) 个人劳务报酬。

(3) 根据国家规定颁发给个人的科学技术、文化艺术、体育等各种奖金。

(4) 各种劳保、福利费用以及国家规定的对个人的其他支出。

(5) 向个人收购农副产品和其他物资的价款。

(6) 出差人员必须随身携带的差旅费。

(7) 结算起点（1 000元）以下的零星支出。

(8) 中国人民银行确定需要支付现金的其他支出。

除了企业可以现金支付的款项中第(5)和第(6)项，开户单位支付给个人的款项，超过使用现金限额（即个人劳动报酬）的部分，应当以支票或者银行本票支付；确需全额支付现金的，经开户银行审核后，予以支付现金。

（二）库存现金限额

库存现金限额是指为了保证单位日常零星开支的需要，单位库存现金的最高数额。这一限额由开户银行根据实际需要核定，一般按照单位3～5天的日常零星开支需要量确定。边远地区和交通不便地区的开户单位的库存现金限额，可以多于5天的日常零星开支，但不得超过15天的日常零星开支。经核定的库存现金限额，开户单位必须严格遵守。需要增加或者减少库存现金限额的，应当向开户银行提出申请，由开户银行核定。

（三）现金的收支

（1）开户单位现金收入应当于当日送存开户银行，当日送存确有困难的，由开户银行确定送存时间。

（2）开户单位支付现金，可以从本单位库存现金限额中支付或者从开户银行提取，不得从本单位的现金收入中直接支付（即坐支），因特殊情况需要坐支现金的，应当事先报经开户银行审查批准，由开户银行核定坐支范围和限额，坐支单位应当定期向开户银行报送坐支金额和使用情况。

坐支是指企事业单位和机关团体将本单位的现金收入直接用于现金支出。坐支使银行无法准确掌握各单位的现金收入来源和支出用途，干扰开户银行对各单位现金收付的管理，扰乱国家金融秩序，因此，坐支现金是违反财经纪律的行为，会受到财经纪律的处罚。

（3）开户单位从开户银行提取现金，应当写明用途，由本单位财会部门负责人签字盖章，经开户银行审核后，予以支付。

（4）因采购地点不固定、交通不便、生产或者市场急需、抢险救灾以及其他特殊情况必须使用现金的，开户单位应当向开户银行提出申请，由本单位财会部门负责人签字盖章，经开户银行审核后，予以支付。

根据《现金管理暂行条例》，下列开支不能采用现金结算的是（　　）。
A. 按规定发放给科技人员的奖金
B. 发放给职工的劳动保护费
C. 向个人收购农副产品价款
D. 向外单位支付的购买设备价款

二、库存现金的账务处理

（一）"库存现金"账户设置

"库存现金"账户属于资产类账户，用于核算库存现金的收入、支出和结存情况，其账户结构如图1-1所示。

借方	库存现金	贷方
本期增加额：库存现金增加额		本期减少额：库存现金减少额
期末余额：结余的库存现金		

图 1-1 "库存现金"账户结构

一般情况下，企业设置库存现金日记账进行明细分类核算。

（二）库存现金的会计处理

企业为了全面反映和监督库存现金收支和结存情况，应当设置库存现金总账和库存现金日记账，分别进行库存现金总分类核算和明细分类核算。库存现金日记账是出纳员根据审核无误的现金收款、付款凭证和银行存款付款凭证（记录从银行提取现金的业务），逐日逐笔顺序登记的，每日终了，应结出现金日记账的账面余额，并与其库存现金实存数额相核对，做到账实相符。

【例1-1】 20×2年12月2日，华信公司零售商品500元，增值税额65元，开具增值税专用发票，以现金收讫。公司编制如下会计分录：

借：库存现金　　　　　　　　　　　　　　　　　　　　　　　　565
　　贷：主营业务收入　　　　　　　　　　　　　　　　　　　　500
　　　　应交税费——应交增值税（销项税额）　　　　　　　　　65

【例1-2】 20×2年12月3日，行政科王晓预借差旅费2 000元，以现金付讫。公司编制如下会计分录：

借：其他应收款——王晓　　　　　　　　　　　　　　　　　　2 000
　　贷：库存现金　　　　　　　　　　　　　　　　　　　　　　2 000

【例1-3】 承[例1-2]12月5日，王晓报销差旅费火车票500元，住宿费800元，增值税额48元，取得增值税专用发票，交通补助240元，伙食补助300元，总计1 888元，剩余款项以现金交回。公司编制如下会计分录：

借：管理费用　　　　　　　　　　　　　　　　　　　　　　　1 798.72
　　应交税费——应交增值税（进项税额）　　　　　　　　　　　89.28
　　库存现金　　　　　　　　　　　　　　　　　　　　　　　　112.00
　　贷：其他应收款——王晓　　　　　　　　　　　　　　　　2 000.00

知识拓展

旅客运输服务扣税小知识

纳税人购进国内旅客运输服务，其进项税额允许从销项税额中抵扣。纳税人未取得增值税专用发票的，暂按照以下规定确定进项税额：

（1）取得增值税电子普通发票的，为发票上注明的税额。

（2）取得注明旅客身份信息的航空运输电子客票行程单的，按照下列公式计算进项税额：

$$航空旅客运输进项税额 = (票价 + 燃油附加费) \div (1 + 9\%) \times 9\%$$

(3) 取得注明旅客身份信息的铁路车票的,按照下列公式计算进项税额:

铁路旅客运输进项税额＝票面金额÷(1＋9%)×9%

(4) 取得注明旅客身份信息的公路、水路等其他客票的,按照下列公式计算进项税额:

公路、水路等其他旅客运输进项税额＝票面金额÷(1＋3%)×3%

摘自《财政部税务总局海关总署公告 2019 年第 39 号》

三、库存现金的清查

(一) 库存现金清查的方法

库存现金清查的主要方法是实地盘点法,即通过实地盘点库存现金的实存数,然后与现金日记账相核对,确定账存与实存是否相等。

(二) 库存现金清查的步骤

首先,在盘点前,出纳人员应先将现金收、付凭证和涉及现金的银行付款凭证全部登记入账,并结出余额。

其次,盘点前,出纳人员必须在场,现金由出纳人员经手盘点,清查人员从旁监督。盘点时,除了查明账实是否相符,还要查明有无违反现金管理规定,如有无"白条抵库",现金库存是否超过核定的限额,有无"坐支"现象等。

最后,盘点结束,应根据盘点结果编制库存现金盘点报告表,并由检查人员和出纳员签名盖章,作为重要的原始凭证。库存现金盘点报告表具有盘存单和实存账存对比表的作用,格式如表 1-1 所示。

表 1-1　　　　　　　　　　　库存现金盘点报告表

单位名称:　　　　　　　　　　　年　月　日　　　　　　　　　　　单位:元

实存金额	账存金额	对比结果		备注
		盘盈	盘亏	

负责人:　　　　　　　　　　　盘点人:　　　　　　　　　　　出纳员:

(三) 库存现金清查结果的账务处理

1. 现金清查核算账户设置

为了反映、监督企业在现金清查过程中查明的各项现金资产的溢余、短缺及处理情况,企业应设置"待处理财产损溢"账户,下设"待处理流动资产损溢"和"待处理固定资产损溢"两个明细账户,其账户结构如图 1-2 所示。

借方	待处理财产损溢	贷方
① 发生的待处理财产盘亏、毁损数 ② 按规定转销的盘盈数		① 各种财产(不包括固定资产)的盘盈数 ② 按规定转销的盘亏、毁损数

图 1-2　"待处理财产损溢"账户结构

2. 库存现金清查结果的会计处理

清查结束后,根据"库存现金盘点报告表"及时进行账务处理。库存现金清查账务处理对照表,如表1-2所示。

表1-2　　　　　　　　　　　库存现金清查账务处理对照表

清查结果	处理时间	会计分录
盘盈	批准前	借:库存现金 　　贷:待处理财产损溢——待处理流动资产损溢
盘盈	批准后	借:待处理财产损溢——待处理流动资产损溢 　　贷:其他应付款(需要支付或退还给他人的金额) 　　　　营业外收入(无法查明原因的金额)
盘亏	批准前	借:待处理财产损溢——待处理流动资产损溢 　　贷:库存现金
盘亏	批准后	借:其他应收款(可收回的过失人赔偿款) 　　　管理费用(无法查明原因的金额) 　　贷:待处理财产损溢——待处理流动资产损溢

【例1-4】 20×2年12月10日,华信公司在财产清查中发现现金溢余500元,已填制"库存现金盘点报告表"。12月20日,查明300元为差旅费报销时少付丁某款项,另200元无法查明原因。公司编制如下会计分录:

(1)发现现金溢余时:

借:库存现金　　　　　　　　　　　　　　　　　　　　　　　　500
　　贷:待处理财产损溢——待处理流动资产损溢　　　　　　　　　　　500

(2)转销盘盈现金时:

借:待处理财产损溢——待处理流动资产损溢　　　　　　　　　　　500
　　贷:其他应付款——丁某　　　　　　　　　　　　　　　　　　　300
　　　　营业外收入　　　　　　　　　　　　　　　　　　　　　　200

【例1-5】 20×2年12月5日,华信公司在财产清查中发现现金短缺200元,已填制"库存现金盘点报告表"。12月12日,经批准短缺金额100元由出纳张某赔偿,另100元计入管理费用。公司编制如下会计分录:

(1)发现现金短缺时:

借:待处理财产损溢——待处理流动资产损溢　　　　　　　　　　　200
　　贷:库存现金　　　　　　　　　　　　　　　　　　　　　　　　200

(2)转销盘亏现金时:

借:其他应收款——张某　　　　　　　　　　　　　　　　　　　　100
　　管理费用　　　　　　　　　　　　　　　　　　　　　　　　　100
　　贷:待处理财产损溢——待处理流动资产损溢　　　　　　　　　　　200

企业已记入"待处理财产损溢"账户,但是无法查明原因的现金盘盈,批准后应转入( )账户。
A."其他综合收益" B."其他业务收入"
C."其他收益"   D."营业外收入"

任务二　银行存款的核算

银行存款是指企业存放在银行或其他金融机构的各种款项。银行存款是企业现金以外流动性最强的资产。

一、银行存款的管理

企业应该严格遵守国家金融监管机构的支付结算法律法规和有关银行存款的管理制度,正确进行银行存款收支核算;按规定开立银行账户,办理银行存款的存、取和各种收支转账业务的结算。企业的各种经济往来,除了按照国家现金管理规定可以使用现金的,都必须办理转账结算。银行存款账户按照用途不同,可分为四种,如表1-3所示。

表1-3　　　　　　　　　　银行存款账户分类表

账户种类	定义	用途
基本存款账户	是指存款人因办理日常转账结算和现金收付需要开立的银行结算账户	可以办理日常经营活动的资金收付及其工资、奖金和现金的支取。企业只能在银行开立一个基本存款账户
一般存款账户	是指存款人因借款或其他结算需要,在基本存款账户开户银行以外的银行营业机构开立的银行结算账户	可以办理借款转存、借款归还和其他结算的资金收付,以及现金缴存,但不得办理现金支取
专用存款账户	是指存款人按照法律、行政法规和规章,对其特定用途资金进行专项管理和使用而开立的银行结算账户	如基本建设资金、社会保障基金和证券交易结算资金等
临时存款账户	是指存款人因临时需要并在规定期限内使用而开立的银行结算账户	用于办理临时机构以及存款人临时经营活动发生的资金收付,如设立临时机构、异地临时经营活动等的需要

二、银行结算方式

银行结算是指通过银行账户的资金转移实现收付的行为,即银行接受客户委托代收代付,从付款单位存款账户划出款项,转入收款单位存款账户,以此完成债权债务的清算或资金的调拨。

(一) 支票

1. 支票的概念

支票是指出票人签发的,委托办理支票存款业务的银行或者其他金融机构在见票时无条件支付确定的金额给收款人或者持票人的票据。按照支付票款的方式不同,支票分为现金支票、转账支票和普通支票三种。

2. 支票结算的基本规定

(1) 开立支票存款账户,申请人必须使用其本名,并提交证明其身份的合法证件。

(2) 支票上印有"现金"字样的为现金支票,现金支票只能用于支取现金;支票上印有"转账"字样的为转账支票,转账支票只能用于转账;支票上未印有"现金"或"转账"字样的为普通支票,普通支票可以用于支取现金,也可以用于转账。在普通支票左上角划两条平行线的,为划线支票,划线支票只能用于转账,不得支取现金。

(3) 支票的金额、收款人名称,可以由出票人授权补记,未补记前不得背书转让和提示付款。

(4) 签发支票应使用碳素墨水或墨汁填写。

(5) 支票的出票人签发支票的金额不得超过付款时在付款人处实有的存款金额,禁止签发空头支票。

(6) 支票限于见票即付,不得另行记载付款日期。

(7) 支票的持票人应当自出票日起 10 日内提示付款。

(二) 银行本票

1. 银行本票的概念

银行本票是指出票人签发的,承诺自己在见票时无条件支付确定的金额给收款人或者持票人的票据。

2. 银行本票结算的基本规定

(1) 同一票据交换区域内的需要支付的各种款项,均可采用银行本票。

(2) 银行本票分为定额银行本票和不定额银行本票,定额银行本票有 1 000 元、5 000 元、10 000 元和 50 000 元四种。

(3) 银行本票的提示付款期自出票日起最长不得超过 2 个月。

(4) 在有效付款期内银行本票见票即付,持票人超过提示付款期付款,银行不予受理。

(5) 银行本票可以背书转让,填明"现金"字样的银行本票不能背书转让。

(6) 银行本票丧失,失票人可以凭人民法院出具的享有票据权利的证明,向出票银行请求付款或退款。

(三) 银行汇票

1. 银行汇票的概念

银行汇票是指出票银行签发的,由其在见票时按照实际结算金额无条件支付给收款人或者持票人的票据。

2. 银行汇票结算的基本规定

(1) 单位和个人结算各种款项,均可使用银行汇票;银行汇票可以用于转账,填明"现金"字样的银行汇票也可以用于支取现金。

(2) 银行汇票一律记名,允许背书转让。

(3) 银行汇票的提示付款期限自出票日起 1 个月,持票人超过付款期限提示付款的,银行不予受理。

(4) 收款人受理申请人交付的银行汇票时,应在出票金额以内,根据实际需要的款项办理结算。

(四) 商业汇票

1. 商业汇票的概念

商业汇票是指出票人签发的,委托付款人在指定日期无条件支付确定的金额给收款人或者票据持有人的票据。商业汇票分为商业承兑汇票和银行承兑汇票。

2. 商业汇票结算的规定

(1) 商业承兑汇票可以由付款人签发并承兑,也可以由收款人签发交由付款人承兑。银行承兑汇票应由在承兑银行开立存款账户的存款人签发。

(2) 定日付款或者出票后定期付款的商业汇票,持票人应当在汇票到期日前向付款人提示承兑。见票后定期付款的汇票,持票人应当自出票日起 1 个月内向付款人提示承兑。

(3) 商业汇票一律记名,可以背书转让;出票人在汇票上记载"不得转让"字样的,汇票不得转让。

(4) 商业汇票的付款期限,最长不得超过 6 个月(电子商业汇票可延长至 1 年)。

(五) 汇兑

1. 汇兑的概念

汇兑是指汇款人委托银行将其款项支付给收款人的结算方式。汇兑分为信汇和电汇两种,由汇款人选择使用。

2. 汇兑结算的规定

(1) 汇兑适用于异地各单位、个人之间各种款项的结算。

(2) 汇出银行受理汇款人签发的汇兑凭证,经审查无误后,应及时向汇入银行办理汇款,并向汇款人签发汇款回单。

(3) 汇入银行对开立存款账户的收款人,应将汇给其的款项直接转入收款人账户,并向其发出收账通知。

(4) 汇款人对汇出银行尚未汇出的款项可以申请撤销。

(5) 汇款人对汇出银行已经汇出的款项可以申请退汇。

(六) 委托收款

1. 委托收款的概念

委托收款是指收款人向银行提供收款依据,委托银行向付款人收取款项的一种结算方式。

2. 委托收款结算的规定

(1) 委托收款结算方式不受金额起点的限制。

(2) 委托收款分邮寄和电划两种,付款期限为 3 天。

(七) 托收承付

1. 托收承付的概念

托收承付又称异地托收承付,是指根据购销合同由收款人发货后委托银行向异地付款人收取款项,由付款人向银行承认付款的结算方式。

2. 托收承付结算的规定

(1) 使用托收承付结算方式的收款单位和付款单位,必须是国有企业、供销合作社以及经营管理较好,并经开户银行审查同意的城乡集体所有制工业企业。

(2) 办理托收承付结算的款项,必须是商品交易,以及因商品交易而产生的劳务供应的款项。代销、寄销、赊销商品的款项,不得办理托收承付结算。

(3) 收付双方使用托收承付结算必须签有符合《中华人民共和国民法典》(合同编)的购销合同,并在合同上订明使用托收承付结算方式。

(4) 托收承付结算每笔业务的金额起点为 10 000 元。新华书店系统每笔业务的金额起点为 1 000 元。

(5) 承付货款分为验单付款和验货付款两种,验单付款的承付期为 3 天,验货付款的承付期为 10 天。

(6) 付款人在承付期满日银行营业终了时,如无足够资金支付,其不足部分,即逾期未付款项,按逾期付款处理。付款人开户银行对付款人逾期支付的款项,应当根据逾期付款金额和逾期天数,按每天 5‰ 计算逾期付款赔偿金。

(八) 信用卡

1. 信用卡的概念

信用卡是指商业银行向个人和单位发行的,凭以向特约单位购物、消费和向银行存取现金,且具有消费信用的特制载体卡片。

2. 信用卡结算的规定

(1) 凡在中国境内金融机构开立基本存款账户的单位可申领单位卡,凡具有完全民事行为能力的公民可申领个人卡。

(2) 单位卡账户的资金一律从其基本存款账户转账存入,不得交存现金,不得将销货收入的款项存入其账户,个人卡账户的资金以其持有的现金存入或以其工资性款项及属于个人的劳务报酬收入转账存入。

(3) 持卡人可持信用卡在特约单位购物和消费。单位卡不得用于 10 万元以上的商品交易、劳务供应款项的结算,不得支取现金。

三、银行存款的账务处理

(一) "银行存款"账户设置

"银行存款"账户属于资产类账户,用于核算银行存款收支和结存情况,其账户结构如图 1-3 所示。

借方	银行存款	贷方
本期增加额:银行存款增加额		本期减少额:银行存款减少额
期末余额:结余的银行存款		

图 1-3 "银行存款"账户结构

一般情况下,企业设置银行存款日记账进行明细分类核算。

（二）银行存款会计处理

银行存款的核算主要包括序时核算和总分类核算两个部分。企业可按开户银行和其他金融机构、存款种类等设置"银行存款日记账"进行序时核算。在实际操作中，出纳人员主要从事序时核算。

银行存款的序时核算，是指利用银行存款日记账，按照经济业务发生完成的时间顺序，将银行存款的收、支、余情况逐日、逐笔地反映出来。银行存款日记账由出纳人员根据银行存款收、付款凭证和现金付款凭证进行登记，并在每日终了时结算出银行存款收支发生额和结存额。月末还要计算出本月收入、付出的合计数和月末结余数，并与"银行存款"总分类账进行核对。

银行存款的总分类核算，即由企业会计人员根据反映银行存款收付业务的记账凭证或根据其他会计核算形式所规定的登记总账的依据登记"银行存款"总账，从而提供企业银行存款增减变动的总括性指标所进行的核算。

【例1-6】 20×2年12月1日，华信公司销售给本市某超市商品一批，价款20 000元，增值税额2 600元，收到转账支票一张送存银行。公司编制如下会计分录：

借：银行存款　　　　　　　　　　　　　　　　　　　　　　22 600
　　贷：主营业务收入　　　　　　　　　　　　　　　　　　　　20 000
　　　　应交税费——应交增值税（销项税额）　　　　　　　　　2 600

【例1-7】 20×2年12月10日，华信公司以银行存款支付行政管理部门电话费8 000元。公司编制如下会计分录：

借：管理费用　　　　　　　　　　　　　　　　　　　　　　8 000
　　贷：银行存款　　　　　　　　　　　　　　　　　　　　　8 000

【例1-8】 20×2年12月20日，华信公司开出汇兑凭证，汇出款项33 900元支付前欠华光公司货款。公司编制如下会计分录：

借：应付账款　　　　　　　　　　　　　　　　　　　　　　33 900
　　贷：银行存款　　　　　　　　　　　　　　　　　　　　　33 900

四、银行存款的清查

（一）银行存款清查方法

清查银行存款主要采用核对账目法，即通过将本单位银行存款日记账的账簿记录与开户银行转来的对账单进行核对，来查明银行存款的实有数额。

（二）银行存款清查步骤

（1）清查银行存款之前，应先检查本企业银行存款记录的完整性和余额。

（2）将银行送来的对账单上所记录的银行存款收付记录与本企业银行存款日记账中登记的收付记录逐笔核对，查明银行存款的实有数额。

（三）银行存款清查结果处理

若银行存款日记账的账簿记录与开户银行对账单上的金额一致，说明记账一般无误；若两者金额不一致，其原因主要包括记账错误和未达账项两种。

1. 记账错误

记账错误主要有企业记账错误和银行记账错误两种原因导致。企业登记账簿时可能存在重记、漏记或错记等错误,应及时更正;若发现银行记账错误,应及时通知银行查明更正。

2. 未达账项

未达账项是指由于结算凭证在企业和银行之间传递需要一定时间,而造成一方已经入账但另一方尚未收到结算凭证从而未入账的款项。企业和银行之间的未达账项有四种情况,如表1-4所示。

表1-4　　　　　　　　　　　　　未达账项分类表

企业	银行
银行已收款入账,企业尚未收款入账	企业已收款入账,银行尚未收款入账
银行已付款入账,企业尚未付款入账	企业已付款入账,银行尚未付款入账

上述任何一种情况的发生,都会使企业和银行之间的账簿记录不一致。因此,在核对账目时必须注意有无未达账项。如果有未达账项,应编制"银行存款余额调节表",进行调整核对。

"银行存款余额调节表"简称"调节表",是指为核对企业和银行之间实际存款余额而编制的列示双方未达账项的报表。其编制方法主要采用补记法,即在银行存款日记账与银行对账单原有余额基础上,各自补记对方已入账而自身尚未登记入账的金额,然后检查调节后的余额是否相等。"银行存款余额调节表"的编制步骤如下:

(1) 按照银行存款日记账登记的先后顺序逐笔核对银行对账单,对双方都已登记的事项用铅笔在金额旁划"√"。

(2) 对于日记账与对账单中未做标记的事项,分析是属于记账错误造成的还是属于未达账项。

(3) 对查出的企业记账错误按照一定的错账更正方法进行更正,登记入账,调整银行存款日记账账面余额,对银行记账错误通知银行更正,并调整银行对账单余额。

(4) 对属于未达账项的,填入"银行存款余额调节表",计算调节后的余额,如表1-5所示。

表1-5　　　　　　　　　　　　银行存款余额调节表

年　月　日　　　　　　　　　　　　　　　　　　　　　　　　　　单位:元

项目	金额	项目	金额
企业银行存款日记账余额		银行对账单余额	
加:银行已收,企业未收		加:企业已收,银行未收	
减:银行已付,企业未付		减:企业已付,银行未付	
调节后的存款余额		调节后的存款余额	

如果没有记账错误,调节后双方的余额应相等。如果相等,通常说明企业和银行的账面记录一般没有错误;如果不相等,说明一方或双方记账有误,需要进一步查找,查明原因后予以更正和处理。调节后的余额,反映企业银行存款真正的实有数,是企业可以动用的银行存

款。银行存款余额调节表是一种对账记录或对账工具，只起验算作用，不是原始凭证，不能据以调整银行存款日记账，未达账项只有在收到有关原始凭证后才能进行账务处理。

【例1-9】 20×2年12月31日，华信公司银行存款日记账的余额为215 312元，银行转来对账单的余额为281 862元。经逐笔核对，发现以下未达账项：

（1）企业送存转账支票22 600元，并已登记银行存款增加，但银行尚未记账。

（2）企业开出转账支票5 650元，但持票单位尚未到银行办理转账，银行尚未记账。

（3）企业委托银行代收某公司购货款89 500元，银行已收妥并登记入账，但企业尚未收到收款通知，尚未记账。

（4）银行从企业存款户中扣取借款利息6 000元，银行已登记企业银行存款减少，但企业尚未收到银行付款通知，尚未记账。

银行存款余额调节表，如表1-6所示。

表1-6　　　　　　　　　　银行存款余额调节表
20×2年12月31日　　　　　　　　　　　　　　　单位：元

项目	金额	项目	金额
企业银行存款日记账余额	215 312	银行对账单余额	281 862
加：银行已收，企业未收	89 500	加：企业已收，银行未收	22 600
减：银行已付，企业未付	6 000	减：企业已付，银行未付	5 650
调节后的存款余额	298 812	调节后的存款余额	298 812

调节后的余额298 812元是企业可以动用的银行存款实有数。

会导致单位银行存款日记账余额大于开户银行对账单余额的未达账项是（　　）。
A．单位已收、银行未收款项与银行已收、单位未收款项
B．单位已付、银行未付款项与银行已付、单位未付款项
C．单位已收、银行未收款项与银行已付、单位未付款项
D．单位已付、银行未付款项与银行已收、单位未收款项

任务三　其他货币资金的核算

一、其他货币资金的管理

其他货币资金是指企业除现金、银行存款以外的各种货币资金。其他货币资金包括外埠存款、银行本票存款、银行汇票存款、信用证存款、信用卡存款、存出投资款和微信、支付宝

存款等。

其他货币资金的存放地点分散、用途多样，存放、使用的手续制度要求各有不同，各部门应相互配合，会计部门应加强相应的明细核算和监督管理，避免不合理延期，防止债权债务纠纷发生而给企业造成损失等不利影响。

微信、支付宝存款

微信、支付宝存款是由用户的现金存入账户后向其他账户转账而生成的，它并不建立在银行存款基础上。微信、支付宝的现金只是一种在线的虚拟货币，它的转移只是在软件中的一种数据变动，不是现实世界中的银行存款。微信、支付宝存款属于其他货币资金，而非银行存款。

二、其他货币资金的账务处理

（一）"其他货币资金"账户设置

"其他货币资金"账户属于资产类账户，用于核算企业其他货币资金增减和结存情况，其账户结构如图1-4所示。

借方	其他货币资金	贷方
本期增加额：其他货币资金增加额		本期减少额：其他货币资金减少额
期末余额：期末企业持有的其他货币资金		

图1-4 "其他货币资金"账户结构

企业一般按其他货币资金种类设置明细账进行明细分类核算。

（二）其他货币资金会计处理

1. 银行汇票存款

银行汇票存款是指企业为取得银行汇票，按照规定存入银行的款项。

【例1-10】 20×2年12月9日，华信公司委托银行办理30 000元银行汇票，填写银行汇票申请书，并将款项交存银行，取得银行汇票。公司编制如下会计分录：

借：其他货币资金——银行汇票存款　　　　　　　　　　　　　　30 000
　　贷：银行存款　　　　　　　　　　　　　　　　　　　　　　　30 000

【例1-11】 20×2年12月15日，华信公司以银行汇票购入材料25 000元，增值税额3 250元，材料尚未验收入库。公司编制如下会计分录：

借：在途物资　　　　　　　　　　　　　　　　　　　　　　　　25 000
　　应交税费——应交增值税（进项税额）　　　　　　　　　　　　3 250
　　贷：其他货币资金——银行汇票存款　　　　　　　　　　　　　28 250

【例1-12】 20×2年12月16日，华信公司接银行入账通知，上述银行汇票尾款退回。公司编制如下会计分录：

借:银行存款 1 750
  贷:其他货币资金——银行汇票存款 1 750

2. 银行本票存款

银行本票存款是指企业为取得银行本票,按照规定存入银行的款项。

【例1-13】 20×2年12月2日,华信公司填写银行本票申请书,并将款项11 300元交存银行转作银行本票存款。公司编制如下会计分录:

借:其他货币资金——银行本票存款 11 300
  贷:银行存款 11 300

【例1-14】 20×2年12月3日,华信公司以银行本票购买办公用品10 000元,增值税专用发票上注明增值税额1 300元。公司编制如下会计分录:

借:管理费用 10 000
  应交税费——应交增值税(进项税额) 1 300
  贷:其他货币资金——银行本票存款 11 300

3. 信用卡存款

信用卡存款是指企业为取得信用卡而存入银行信用卡专户的款项。

【例1-15】 20×2年12月10日,华信公司向银行申领信用卡,向银行交存80 000元。公司编制如下会计分录:

借:其他货币资金——信用卡存款 80 000
  贷:银行存款 80 000

【例1-16】 20×2年12月11日,华信公司以信用卡支付形式购买图书500元,增值税额65元。公司编制如下会计分录:

借:管理费用 500
  应交税费——应交增值税(进项税额) 65
  贷:其他货币资金——信用卡存款 565

以信用卡支付形式购买办公用品,应贷记(　　)账户。
A. "管理费用"　　　　　　　　　　B. "银行存款"
C. "其他货币资金"　　　　　　　　D. "应付票据"

4. 外埠存款

外埠存款是指企业到外地进行临时或零星采购时,汇往采购地银行开立采购专户的款项。

【例1-17】 20×2年12月18日,华信公司填写汇款委托书,委托银行将款项200 000元汇往采购地开立专户。公司编制如下会计分录:

借:其他货币资金——外埠存款 200 000
  贷:银行存款 200 000

【例 1-18】 20×2 年 12 月 25 日，华信公司收到采购人员转来供应单位发票账单等报销凭证时，注明采购材料价款 160 000 元，增值税额 20 800 元，材料尚未验收入库。公司编制如下会计分录：

　　借：在途物资　　　　　　　　　　　　　　　　　　　　　　　160 000
　　　　应交税费——应交增值税（进项税额）　　　　　　　　　　　 20 800
　　　　贷：其他货币资金——外埠存款　　　　　　　　　　　　　　　　180 800

【例 1-19】 20×2 年 25 日，华信公司采购完毕收回剩余款项 19 200 元。公司编制如下会计分录：

　　借：银行存款　　　　　　　　　　　　　　　　　　　　　　　　19 200
　　　　贷：其他货币资金——外埠存款　　　　　　　　　　　　　　　　 19 200

5. 存出投资款

存出投资款是指企业为购买股票、债券和基金等，根据有关规定存入证券公司指定银行开立的投资款专户的款项。企业向证券公司划出资金时，应按实际划出资金的金额，借记"其他货币资金——存出投资款"账户，贷记"银行存款"账户；购买股票、债券和基金等时，借记"交易性金融资产"等账户，贷记"其他货币资金——存出投资款"账户。

6. 信用证保证金存款

信用证保证金存款是指采用信用证结算方式的企业为开具信用证而存入银行信用证保证金专户的款项。企业填写信用证申请书，将信用证保证金交存银行时，应根据银行盖章退回的信用证申请书回单，借记"其他货币资金——信用证保证金"账户，贷记"银行存款"账户；企业接到开证行通知，根据供货单位信用证结算凭证及所附发票账单，借记"原材料""应交税费——应交增值税（进项税额）"等账户，贷记"其他货币资金——信用证保证金"账户；将未用完的信用证保证金存款余额转回开户银行时，借记"银行存款"账户，贷记"其他货币资金——信用证保证金"账户。

同步训练

东美公司为增值税一般纳税人，增值税税率为 13%，材料按实际成本进行核算。20×2 年 1 月发生有关货币资金的经济业务如下：

（1）出售不需用的甲材料一批，为购买方开具的普通发票上注明金额 678 元，材料已发出，收到现金。

（2）购入不需安装的生产设备 1 台，增值税专用发票上注明价款 300 000 元、增值税额 39 000 元，公司为销售方开具了一张转账支票用于支付该设备的价税款，该设备已运抵企业并投入使用。

（3）委托本公司开户银行将 500 000 元汇往异地开立采购专户。

（4）从异地购买乙材料一批，增值税专用发票上注明价款 400 000 元、增值税额 52 000 元，该材料的价税款从异地开立的采购专户中支付，该批材料尚未验收入库。

（5）月末，公司在现金清查中发现现金长款 200 元，经查属于支付给个人的款项。

要求：编制东美公司有关货币资金业务的会计分录。

项目二　交易性金融资产

 **项目描述**

企业的库存现金、银行存款、其他货币资金、应收账款、应收票据、贷款、其他应收款、股权投资、债权投资和衍生金融工具等统称企业金融资产。以公允价值计量且变动计入当期损益的金融资产,即交易性金融资产。企业持有交易性金融资产以赚取短期差价为目的,持有时间短,流动性强。本项目主要介绍交易性金融资产的内容和核算。

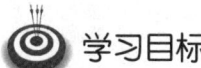 **学习目标**

知识目标
1. 理解交易性金融资产的内容。
2. 掌握交易性金融资产的核算。

能力目标
1. 能够理解交易性金融资产的含义和内容。
2. 能够正确进行交易性金融资产的核算。

素质目标
1. 培养学生风险意识,提高其理财能力。
2. 培养学生诚信意识,增强其法治观念。

 案例导入

2023年以来,不少A股上市公司相继发布委托理财公告,使用闲置资金用于理财产品的投资。Wind资讯数据显示,截至5月7日,年内共有630家上市公司合计持有4 164个理财产品,认购持有规模约5 113亿元。

"从公开资料来看,上市公司使用闲置资金购买理财产品,在不影响正常生产经营的前提下,充分盘活闲置资金,可以最大限度地提高公司自有闲置资金的使用效率、增加投资收益,从而在一定程度上降低财务成本。但购买理财产品要谨慎,慎防'踩雷',否则会影响公司正常经营。"广州汉马私募基金管理有限公司总经理伍锡军向《证券日报》记者表示。

（摘自《证券日报》2023年5月7日《630家上市公司持有委托理财产品逾5 100亿元　专家提醒购买理财也要慎防"踩雷"》）

案例导入中的理财产品在会计核算中可以划分到交易性金融资产中吗?交易性金融资产如何核算?

 知识导航

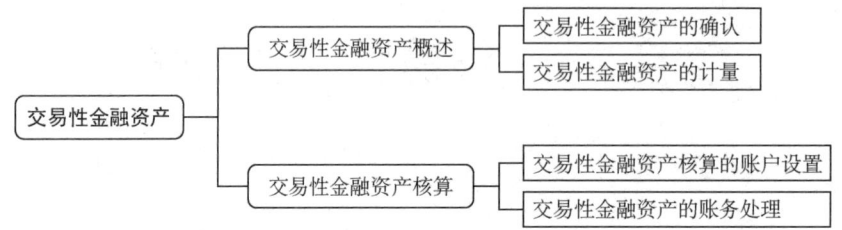

任务一　交易性金融资产概述

 知识课堂

一、交易性金融资产的确认

交易性金融资产是指以公允价值计量且变动计入当期损益的金融资产。交易性金融资产是企业为了近期出售而持有的金融资产，如企业以赚取差价为目的从二级市场购入的股票、债券和基金等。

二、交易性金融资产的计量

交易性金融资产由于在活跃市场上有报价且持有时间短，取得和持有期间均应当按照公允价值计量，公允价值变动计入当期损益，发生的交易费用则直接计入当期损益。

交易性金融资产预期能在短期内变现以满足日常经营的需要，因此，在资产负债表上作为流动资产列示。

任务二　交易性金融资产核算

 知识课堂

一、交易性金融资产核算的账户设置

为了核算交易性金融资产取得、持有和出售等情况，企业应设置"交易性金融资产""公允价值变动损益""投资收益"等账户。

（一）"交易性金融资产"账户

"交易性金融资产"账户属于资产类账户，用于核算企业以公允价值计量且变动计入当期损益的金融资产。其账户结构如图2-1所示。

借方	交易性金融资产	贷方
本期增加额：① 交易性金融资产取得成本 ② 资产负债表日公允价值高于账面余额的差额 ③ 出售交易性金融资产时，结转公允价值低于账面余额的变动金额		本期减少额：① 资产负债表日公允价值低于账面余额的差额 ② 出售交易性金融资产时，结转成本和公允价值高于账面余额的变动金额
期末余额：反映企业持有的交易性金融资产公允价值		

图 2-1 "交易性金融资产"账户结构

企业一般按交易性金融资产类别和品种，分别设置"成本""公允价值变动"等明细账进行明细分类核算。

（二）"公允价值变动损益"账户

"公允价值变动损益"账户属于损益类账户，用于核算企业交易性金融资产等的公允价值变动形成的应计入当期损益的利得或损失，其账户结构如图 2-2 所示。

借方	公允价值变动损益	贷方
本期减少额：① 资产负债表日企业持有交易性金融资产公允价值低于账面余额的差额 ② 期末转入"本年利润"账户的利得数额		本期增加额：① 资产负债表日企业持有交易性金融资产公允价值高于账面余额的差额 ② 期末转入"本年利润"账户的损失数额

图 2-2 "公允价值变动损益"账户结构

（三）"投资收益"账户

"投资收益"账户属于损益类账户，用于核算企业持有交易性金融资产等投资期间发生的投资收益以及出售交易性金融资产等实现的投资收益或投资损失，其账户结构如图 2-3 所示。

借方	投资收益	贷方
本期减少额：① 出售交易性金融资产等发生的投资损失 ② 对外投资活动中发生的交易费用 ③ 贷方转出额		本期增加额：① 持有交易性金融资产等投资期间取得的投资收益 ② 处置交易性金融资产等投资实现的投资收益 ③ 借方转出额

图 2-3 "投资收益"账户结构

企业一般按投资项目设置明细账进行明细分类核算。

(四)"应收股利"账户

"应收股利"账户属于资产类账户,用于核算企业应收取的现金股利和应收取其他单位分配的利润。其账户结构如图2-4所示。

借方	应收股利	贷方
本期增加额:应收股利的增加	本期减少额:收到的现金股利或利润	
期末余额:反映企业尚未收到的现金股利或利润		

图2-4 "应收股利"账户结构

企业一般按被投资单位设置明细账进行明细分类核算。

(五)"应收利息"账户

"应收利息"账户属于资产类账户,用于核算企业根据合同或协议规定应向债务人收取的利息。其账户结构如图2-5所示。

借方	应收利息	贷方
本期增加额:应收利息的增加	本期减少额:收到的利息	
期末余额:反映企业尚未收到的利息		

图2-5 "应收利息"账户结构

企业一般按应收利息种类设置明细账进行明细分类核算。

二、交易性金融资产的账务处理

(一)取得交易性金融资产

企业取得交易性金融资产时,应当按照该金融资产取得时的公允价值作为其初始确认金额。金融资产的公允价值,应当以市场交易价格为基础确定。

企业取得交易性金融资产所支付价款中包含了已宣告但尚未发放的现金股利或已到付息期但尚未领取的债券利息的,应当单独确认为应收项目。

企业取得交易性金融资产所发生的相关交易费用应当在发生时计入当期损益,冲减投资收益,发生交易费用取得增值税专用发票的,进项税额经认证后可从当月销项税额中抵扣。

企业取得交易性金融资产,应当按照该金融资产取得时的公允价值,借记"交易性金融资产——成本"账户,按照发生的交易费用,借记"投资收益"账户,发生交易费用取得增值税专用发票的,按其注明的增值税进项税额,借记"应交税费——应交增值税(进项税额)"账户,贷记"其他货币资金——存出投资款"账户。

【例2-1】 20×2年3月2日,华信公司从上海证券交易所购入华美股份有限公司(以下简称华美公司)股票50 000股,每股价格30元,支付交易费用4 000元,取得的增值税专用发票上注明增值税额240元。华信公司将持有的华美公司股票划分为交易性金融资产。公司编制如下会计分录:

借:交易性金融资产——成本	1 500 000
投资收益	4 000
应交税费——应交增值税(进项税额)	240
贷:其他货币资金——存出投资款	1 504 240

(二) 持有交易性金融资产

(1) 企业在持有交易性金融资产期间所获得的现金股利或者债券利息(不包括取得交易性金融资产时支付的价款中包含的已宣告但尚未发放的现金股利或已到付息期但尚未领取的债券利息),应当确认为投资收益。

【例2-2】 华信公司20×2年9月25日得知华美公司宣告上半年股利分配方案为每股现金股利1元。公司编制如下会计分录:

借:应收股利——华美公司	50 000
贷:投资收益	50 000

【例2-3】 20×2年10月20日,华信公司收到华美公司支付现金股利,款项存入证券账户。公司编制如下会计分录:

借:其他货币资金——存出投资款	50 000
贷:应收股利——华美公司	50 000

(2) 资产负债表日,交易性金融资产应该按公允价值计量,公允价值与账面余额的差额计入当期损益。

企业应当在资产负债表日按照交易性金融资产公允价值高于其账面余额的差额,借记"交易性金融资产——公允价值变动"账户,贷记"公允价值变动损益"账户;如公允价值低于其账面余额的差额则编制相反的会计分录。

【例2-4】 20×2年6月30日,华美公司股票公允价值1 800 000元,20×2年12月31日公允价值为1 650 000元,不考虑相关税费和其他因素。公司编制如下会计分录:

(1) 20×2年6月30日,确认华信公司公允价值变动损益时:

借:交易性金融资产——公允价值变动	300 000
贷:公允价值变动损益	300 000

(2) 20×2年12月31日,确认华信公司公允价值变动损益时:

借:公允价值变动损益	150 000
贷:交易性金融资产——公允价值变动	150 000

(三) 出售交易性金融资产

企业出售交易性金融资产时,应当将出售时交易性金融资产的公允价值与账面余额的差额作为投资损益计入当期损益。

企业出售交易性金融资产,应当按照实际收到的金额,借记"其他货币资金"等账户,按照该金融资产的账面余额的成本部分,贷记"交易性金融资产——成本"账户,按照该金融资产的账面余额的公允价值变动部分,贷记或借记"交易性金融资产——公允价值变动"账户,按照其差额,贷记或借记"投资收益"账户。

【例 2-5】 20×2 年 5 月 30 日,华信公司购入青岛百大股份有限公司股票 800 000 股,每股市价 5 元,共计 4 000 000 元,另支付交易费用 12 000 元,取得增值税专用发票注明增值税额 720 元;6 月 30 日,企业持有的青岛百大股票公允价值 4 400 000 元;7 月 5 日,企业出售青岛百大全部股票,价款 4 480 000 元,款项存入证券账户,不考虑相关税费和其他因素。公司编制如下会计分录:

(1) 20×2 年 5 月 30 日,华信公司购入青岛百大股份有限公司股票时:

借:交易性金融资产——成本   4 000 000
   投资收益   12 000
   应交税费——应交增值税(进项税额)   720
  贷:其他货币资金——存出投资款   4 012 720

(2) 20×2 年 6 月 30 日,确认青岛百大股份有限公司股票公允价值变动损益时:

借:交易性金融资产——公允价值变动   400 000
  贷:公允价值变动损益   400 000

(3) 20×2 年 7 月 5 日,华信公司出售青岛百大股份有限公司全部股票时:

借:其他货币资金——存出投资款   4 480 000
  贷:交易性金融资产——成本   4 000 000
     交易性金融资产——公允价值变动   400 000
     投资收益   80 000

考一考

20×2 年 7 月 5 日,华信公司出售青岛百大股份有限公司股票价款若为 4 300 000 元,华信公司应如何编制会计分录?

(四) 转让金融资产应交增值税

金融商品转让,以卖出价扣除买入价后的余额为销售额。转让金融商品出现的正负差,以盈亏相抵后的余额为销售额。若相抵后出现负差,可结转下一纳税期与下期转让金融商品销售额相抵,但年末时仍出现负差的,不得转入下一个会计年度。

转让金融资产应交增值税 = (卖出含税金额 − 购进含税金额) ÷ (1 + 增值税税率)
     × 增值税税率

转让金融资产当月月末,如产生转让收益,则按应纳税额,借记"投资收益"账户,贷记"应交税费——转让金融商品应交增值税"账户;如产生转让损失,则可结转下月抵扣税额,借记"应交税费——转让金融商品应交增值税"账户,贷记"投资收益"账户。

【例 2-6】 承[例 2-5]计算华信公司出售股票应交增值税。

转让金融资产应交增值税 = (4 480 000 − 4 000 000) ÷ (1 + 6%) × 6% = 27 169.81(元)

公司编制如下会计分录:

借：投资收益　　　　　　　　　　　　　　　　　　　　　　　　27 169.81
　　贷：应交税费——转让金融商品应交增值税　　　　　　　　　　27 169.81

年末，如果"应交税费——转让金融商品应交增值税"账户有借方余额，说明本年度的金融商品转让损失无法弥补，且本年度的金融资产转让损失不可转入下年度继续抵减转让金融资产的收益，应将"应交税费——转让金融商品应交增值税"账户的借方余额转出。因此，应借记"投资收益"等账户，贷记"应交税费——转让金融商品应交增值税"账户。

知识拓展

小企业短期投资核算

按照《小企业会计准则》的相关规定，小企业购入的能随时变现并且持有时间不超过1年(含1年)的投资通过"短期投资"账户核算。取得短期投资时，应当按照实际支付的购买价款和相关税费记入"短期投资"账户借方；持有期间，被投资单位分派现金股利和计算利息收入时，记入"投资收益"账户贷方；出售短期投资价款高于账面余额和应收的股利、利息的差额作为投资损益计入当期。

同步训练

20×1年1月1日，东美公司购入A公司股票100万股，支付价款100万元，另支付相关交易手续费用4万元，东美公司将其划分为交易性金融资产进行管理。20×1年12月31日，东美公司持有的A公司股票的公允价值为120万元。20×2年2月20日，A公司宣告发放20×1年现金股利，每股0.2元。20×2年3月10日，东美公司收到A公司宣告发放的现金股利20万元。20×2年4月，东美公司出售全部A公司股票，售价126万元。

要求：编制东美公司以上经济业务的相关会计分录。(单位：万元)

项目三　应收及预付款项

 项目描述

应收及预付款项是指企业在日常生产经营过程中发生的各项债权,包括应收款项和预付款项。应收款项包括应收票据、应收账款、应收股利、应收利息和其他应收款等。预付款项是指企业按照合同规定预付的款项,如预付账款等。应收及预付款项是企业流动资产的重要组成部分。

 学习目标

知识目标
1. 掌握应收票据的内容及核算。
2. 掌握应收账款的内容及核算。
3. 理解其他应收款的内容及核算。
4. 掌握应收款项减值的计算方法及核算。

能力目标
1. 能够熟练核算应收及各种预付款项。
2. 能够对应收款项减值进行职业判断并计提减值准备。

素质目标
1. 培养学生诚实守信的职业意识。
2. 培养学生风险意识。

 案例导入

注册会计师小华审计某公司会计报表时,发现该公司应收款项有下列情况:"应收票据——A公司"账面余额120万元,系公司10月份收到的期限6个月的银行承兑汇票;"应收账款——B公司"账面余额180万元,属于当年发生的销售商品款。公司依据谨慎性原则按50%计提了坏账准备金。

注册会计师小华认为,应收A公司商业汇票款120万元属于银行承兑汇票,付款人为银行,且汇票尚未到期,产生坏账的概率极低,不应计提坏账准备;应收B公司账款180万元属于当年债权,按50%的比例计提坏账准备明显偏高,建议公司更正。

案例中的应收票据和应收账款均属于企业应收款项,对此,企业应如何核算?

知识导航

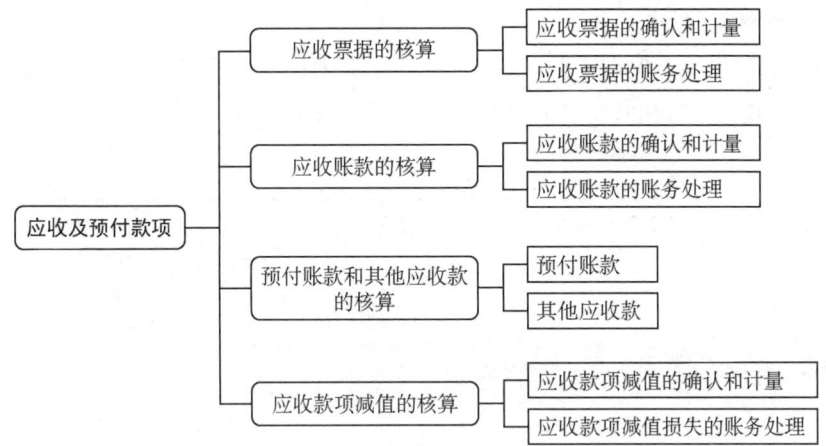

任务一　应收票据的核算

知识课堂

一、应收票据的确认和计量

（一）应收票据的确认

应收票据是指企业因销售商品、提供劳务等而收到的商业汇票。企业在收到已承兑的商业汇票时予以确认。

（二）应收票据的计量

商业汇票按是否带息分为带息票据和不带息票据。对于不带息票据，一般按面值计量，但对于带息票据，应在期末按面值和利率计算利息，计入应收票据账面价值。

知识拓展

如何确定应收票据到期日

汇票到期日即汇票付款日，是指汇票上记载的付款人应当履行付款义务的日期。应收票据的到期日应按不同的约定方式来确定。应收票据到期日的计算分两种情形：

（1）约定在若干月后支付的（以"月数"表示）票据如果是月末出票的，不论月份大小，以到期月份的月末日为到期日；如果是月中出票的，以到期月的同一日为到期日。

（2）约定在若干天后支付（以"天数"表示）的票据，应收票据的到期日计算为"算头不算尾"或"算尾不算头"，按照实际天数计算到期日。例如，5月20日出票，70天到期，则到期日为7月29日。

二、应收票据的账务处理

(一)"应收票据"账户设置

"应收票据"账户属于资产类账户,用于核算企业因销售商品、提供劳务等而收到的商业汇票,包括银行承兑汇票和商业承兑汇票。其账户结构如图3-1所示。

借方	应收票据	贷方
本期增加额:取得应收票据的面值	本期减少额:① 到期收回票面金额 ② 到期前向银行贴现的应收票据的票面金额 ③ 到期未收回,转为应收账款	
期末余额:企业期末持有的商业汇票的票面金额		

图 3-1 "应收票据"账户结构

企业一般按开出、承兑商业汇票单位进行明细分类核算,并设置应收票据备查簿进行登记。

(二)取得应收票据

应收票据取得的原因不同,其账务处理也不相同。因债务人抵偿前欠货款而取得的应收票据,借记"应收票据"账户,贷记"应收账款"账户;因企业销售商品、提供劳务等而收到开出、承兑商业汇票,借记"应收票据"账户,贷记"主营业务收入""应交税费——应交增值税(销项税额)"等账户。

【例 3-1】 20×2 年 3 月 1 日,华信公司销售一批商品给华美公司,商品价款 100 000 元,增值税额 13 000 元,华美公司开出期限 120 天、面值 113 000 元的商业汇票 1 张,用于支付华信公司的货款。公司编制如下会计分录:

借:应收票据　　　　　　　　　　　　　　　　　　　　　　　113 000
　　贷:主营业务收入　　　　　　　　　　　　　　　　　　　　100 000
　　　　应交税费——应交增值税(销项税额)　　　　　　　　　　13 000

(三)收回到期票款

商业汇票到期收回款项,按实际收到的金额,借记"银行存款"账户,贷记"应收票据"账户。

【例 3-2】 承[例 3-1],上述商业汇票到期,华信公司收回票款,存入银行。公司编制如下会计分录:

借:银行存款　　　　　　　　　　　　　　　　　　　　　　　113 000
　　贷:应收票据　　　　　　　　　　　　　　　　　　　　　　113 000

(四)背书转让应收票据

企业可以将其持有的商业汇票背书转让。背书是指在票据背面或者粘贴单上记载有关事项并签章的票据行为。背书转让的,背书人应承担票据责任。通常情况下,企业将持有的商业汇票背书转让取得物资时,按取得物资成本的金额,借记"原材料""库存商品"等账户,按照增值税专用发票上注明的可抵扣的增值税额,借记"应交税费——应交增值税(进项税额)"账户,按商业汇票的票面金额,贷记"应收票据"账户,如有差额,借记或贷记"银行存款"等账户。

【例3-3】 20×2年4月20日,华信公司销售商品给华美公司,价款200 000元,增值税额26 000元,收到期限3个月的商业承兑汇票一张。4月30日,因采购材料将商业汇票转让给供应商华兰公司,材料价款220 000元,增值税额28 600元,差额以银行存款支付,材料按实际成本核算。公司编制如下会计分录:

(1) 4月20日,销售商品,收到商业汇票时:

借:应收票据	226 000
贷:主营业务收入	200 000
应交税费——应交增值税(销项税额)	26 000

(2) 4月30日,转让商业汇票时:

借:原材料	220 000
应交税费——应交增值税(进项税额)	28 600
贷:应收票据	226 000
银行存款	22 600

(五) 贴现商业汇票

应收票据贴现是指企业以未到期应收票据向银行融通资金,银行按票据的应收金额扣除一定期间的贴现利息后,将余额付给企业的筹资行为。在贴现中,企业给银行的利息称为贴现利息;所用的利率称为贴现利率;票据到期值与贴现息之差称为贴现所得。用应收票据向银行申请贴现时,如果是带息票据,由于受票面载明的利率与银行贴现率的差异和贴现期的影响,其贴现所得与票面金额会产生差异,在会计上作为利息收支处理;如果是不带息票据,其贴现所得与票面金额产生的差异,在会计上作为利息支出处理。

1. 计算票据贴现利息

企业以应收票据向银行贴现的贴息及贴现所得的计算公式如下:

$$贴现利息 = 票据到期值 \times 贴现利率 \times 贴现期$$
$$贴现所得 = 票据到期值 - 贴现利息$$

其中,带息应收票据的到期值是其面值加上按票据载明的利率计算的票据全部期间的利息;不带息应收票据的到期值是其面值。

【例3-4】 华信公司将一张180天到期、票面额100 000元的不带息商业汇票,向银行申请贴现。该票据的出票日是6月1日,申请贴现日是8月30日,银行年贴现率为9%。请计算商业汇票贴现利息和贴现所得。

(1) 票据到期值=票面额=100 000(元)
(2) 贴现天数=8月30日至11月28日=90(天)
(3) 贴现利息=票据到期值×贴现率×贴现时间=100 000×9%×90÷360=2 250(元)
(4) 贴现所得=票据到期值-贴现利息=100 000-2 250=97 750(元)

2. 贴现商业汇票的会计处理

（1）不带追索权票据的会计处理。

【例 3-5】 承[例 3-4]，若银行不享有追索权。公司编制如下会计分录：

借：银行存款　　　　　　　　　　　　　　　　　　　　　97 750
　　财务费用　　　　　　　　　　　　　　　　　　　　　 2 250
　　贷：应收票据　　　　　　　　　　　　　　　　　　　　100 000

（2）带追索权票据的会计处理。

【例 3-6】 承[例 3-4]，若银行享有追索权。公司编制如下会计分录：

借：银行存款　　　　　　　　　　　　　　　　　　　　　97 750
　　财务费用　　　　　　　　　　　　　　　　　　　　　 2 250
　　贷：短期借款　　　　　　　　　　　　　　　　　　　　100 000

如上述商业汇票到期，承兑人按期承兑。公司编制如下会计分录：

借：短期借款　　　　　　　　　　　　　　　　　　　　　100 000
　　贷：应收票据　　　　　　　　　　　　　　　　　　　　100 000

任务二　应收账款的核算

知识课堂

一、应收账款的确认和计量

（一）应收账款的确认

应收账款是指伴随企业的销售行为发生而形成的一项债权。因此，应收账款的确认与收入的确认密切相关。企业通常在确认收入的同时，确认应收账款。对于收入实现的具体条件将在本书项目九介绍，这里不赘述。

（二）应收账款的计量

根据《企业会计准则——基本准则》的规定，应收账款的入账价值应按实际发生额计量，包括销售货物或提供劳务的价款、增值税以及代购货方垫付的运杂费等。在确认应收账款入账价值时，应考虑有关折扣、折让等因素。折扣包括现金折扣和商业折扣两种，具体内容详见本书项目九。

二、应收账款的账务处理

（一）"应收账款"账户设置

"应收账款"账户属于资产类账户，用于核算企业因销售商品、提供劳务等，应向购货单位或接受劳务单位收取的款项，其账户结构如图 3-2 所示。

借方	应收账款	贷方
本期增加额:反映企业应收账款金额	本期减少额:① 反映已收回账款 ② 已确认的坏账损失 ③ 转作商业汇票结算方式的应收款项	
期末余额:尚未收回的应收账款金额	期末余额:企业预收的账款	

图 3-2 "应收账款"账户结构

企业一般按债务单位名称设置明细账进行明细分类核算。不单独设置"预收账款"账户的,预收账款应在"应收账款"账户核算。

(二) 应收账款的发生和收回

当企业销售商品、提供劳务发生应收账款时,借记"应收账款"等账户,贷记"主营业务收入""应交税费——应交增值税(销项税额)"等账户;企业代垫的各种运杂费用,借记"应收账款"等账户,贷记"银行存款"等账户;收回应收账款,借记"银行存款"账户,贷记"应收账款"账户;应收账款改用应收票据抵付,收到商业汇票时,借记"应收票据"账户,贷记"应收账款"账户。

【例 3-7】 20×2 年 11 月 1 日,华信公司采用托收承付方式销售一批商品给华美公司,商品价款 200 000 元,增值税额 26 000 元,以银行存款代垫运杂费 3 000 元,已办妥托收手续。公司编制如下会计分录:

借:应收账款   229 000
    贷:主营业务收入   200 000
        应交税费——应交增值税(销项税额)   26 000
        银行存款   3 000

【例 3-8】 承[例 3-7],12 月 10 日收回到华美公司账款,公司编制如下会计分录:

借:银行存款   229 000
    贷:应收账款   229 000

任务三 预付账款和其他应收款的核算

 知识课堂

一、预付账款

(一) 预付账款的确认和计量

1. 预付账款的确认

预付账款是指企业按照购货合同的规定,预先支付供货方或劳务方的款项。对购货企业来说,预付账款是一项流动资产。

2. 预付账款的计量

在日常核算中,预付账款按实际付出的金额入账,如预付的材料、商品采购货款等。

(二) 预付账款的核算

1. "预付账款"账户设置

"预付账款"账户属于资产类账户,用于核算企业按照购货合同的规定,预先支付供货方或劳务方的款项,其账户结构如图3-3所示。

借方	预付账款	贷方
本期增加额:① 预付的款项 ② 补付的款项		本期减少额:① 收到所购物资时根据有关发票账单记入"原材料"账户的金额 ② 收回多付款项
期末余额:反映企业实际预付的款项		期末余额:反映企业应付或应补付的款项

图3-3 "预付账款"账户结构

企业一般按供应单位设置明细账进行明细分类核算。预付账款情况不多的企业,也可以将预付的款项直接记入"应付账款"账户的借方。

2. 预付账款的账务处理

企业因购货而预付的款项,借记"预付账款"账户,贷记"银行存款"账户;收到所购物资时,根据发票账单等列明应计入购入物资成本的金额,借记"材料采购"或"原材料""库存商品"等账户,按增值税专用发票上注明的增值税额,借记"应交税费——应交增值税(进项税额)"账户,按应付金额,贷记"预付账款"账户;补付的款项,借记"预付账款"账户,贷记"银行存款"账户;退回多付的款项,借记"银行存款"账户,贷记"预付账款"账户。

【例3-9】20×2年12月1日,华信公司向华盛公司采购材料500千克,单价100元,所需支付的价款总计50 000元。根据合同规定向华盛公司预付50%的价款,验收货物后补付剩余款项。12月10日,收到华盛公司发来的材料500千克及增值税专用发票。增值税专用发票注明价款50 000元,增值税额6 500元,材料验收入库,材料按实际成本核算。12月11日,企业以银行存款结清剩余款项31 500元。公司编制如下会计分录:

(1) 12月1日,预付50%的价款时:

借:预付账款　　　　　　　　　　　　　　　　　　　　　　　25 000
　　贷:银行存款　　　　　　　　　　　　　　　　　　　　　　　25 000

(2) 12月10日,收到所购物资时:

借:原材料　　　　　　　　　　　　　　　　　　　　　　　　50 000
　　应交税费——应交增值税(进项税额)　　　　　　　　　　　 6 500
　　贷:预付账款　　　　　　　　　　　　　　　　　　　　　　　56 500

(3) 12月11日,结清剩余款项时:

借:预付账款　　　　　　　　　　　　　　　　　　　　　　　31 500
　　贷:银行存款　　　　　　　　　　　　　　　　　　　　　　　31 500

二、其他应收款

(一) 其他应收款的确认和计量

1. 其他应收款的确认

其他应收款是指企业除了应收票据、应收账款、预付账款、应收股利和应收利息的其他各种应收及暂付款项。其主要内容包括：

(1) 应收的各种赔款、罚款，如因企业财产等遭受意外损失而向有关保险公司收取的赔款等。

(2) 应收的出租包装物租金。

(3) 应向职工收取的各种垫付款项，如为职工垫付的水电费、应由职工负担的医药费。

(4) 存出保证金，如租入包装物所支付的押金。

(5) 其他各种应收、暂付款项。

2. 其他应收款的计量

在日常核算中，其他应收款按实际发生金额入账。

(二) 其他应收款的核算

1. "其他应收款"账户设置

"其他应收款"账户属于资产类账户，用于核算其他应收账款的增减变动及结存情况，其账户结构如图 3-4 所示。

借方	其他应收款	贷方
本期增加额：其他应收款的增加		本期减少额：其他应收款的收回
期末余额：反映企业尚未收回的其他应收款项		

图 3-4 "其他应收款"账户结构

企业一般按其他应收款的项目和对方单位(或个人)进行明细分类核算。

2. 其他应收款的账务处理

企业发生其他各种应收、暂付款项时，借记"其他应收款"账户，贷记有关账户；收回或转销各种款项时，借记"库存现金""银行存款"等账户，贷记"其他应收款"账户。

【例 3-10】 20×2 年 12 月 1 日，华信公司向华南公司租入包装物 20 个，每个包装物以银行存款支付押金 30 元。12 月 20 日，华信公司退还所有包装物，并收回押金。公司编制如下会计分录：

(1) 12 月 1 日租入包装物，支付押金时：

借：其他应收款——华南公司　　　　　　　　　　　　　　　600
　　贷：银行存款　　　　　　　　　　　　　　　　　　　　　　　600

(2) 12 月 20 日，收回押金时：

借：银行存款　　　　　　　　　　　　　　　　　　　　　　600
　　贷：其他应收款——华南公司　　　　　　　　　　　　　　　　600

12月1日,华信公司行政处张华预借差旅费5 000元,以现金支付;12月15日张华报销差旅费,即住宿费2 000元,增值税额120元;火车票1 600元,火车票增值税税率9%;伙食补助500元,交通补助400元。如何进行借款和报销的会计处理?

任务四 应收款项减值的核算

企业的各项应收款项,可能会因债务人拒付、破产和死亡等信用缺失原因而部分或全部无法收回。这类无法收回的应收款项通常称为坏账。企业因坏账而遭受的损失为坏账损失。应收款项减值有两种核算方法,即直接转销法和备抵法。我国企业会计准则规定,应收款项减值的核算应采用备抵法。小企业会计准则规定,应收款项减值的核算采用直接转销法。

一、应收款项减值的确认和计量

(一) 直接转销法

采用直接转销法时,日常核算中应收款项可能发生的坏账损失不进行会计处理,只有在实际发生坏账时,才作为坏账损失计入当期损益。

1. 应收款项减值损失的确认

小企业应收及预付款项符合下列条件之一的,减除可收回的金额后确认的无法收回的应收及预付款项,作为坏账损失。

(1) 债务人依法宣告破产、关闭、解散、被撤销,或者被依法注销、吊销营业执照,其清算财产不足清偿的。

(2) 债务人死亡,或者依法被宣告失踪、死亡,其财产或者遗产不足清偿的。

(3) 债务人逾期3年以上未清偿,且有确凿证据证明已无力清偿债务的。

(4) 与债务人达成债务重组协议或法院批准破产重整计划后,无法追偿的。

(5) 因自然灾害、战争等不可抗力导致无法收回的。

(6) 国务院财政、税务主管部门规定的其他条件。

2. 应收款项减值损失的计量

按照小企业会计准则规定确认应收款项实际发生的坏账损失,按照可收回金额,借记"银行存款"等账户,按其账面余额,贷记"应收账款"等账户,按其差额,借记"营业外支出"账户。

(二) 备抵法

备抵法是指采用一定的方法按期确认预期信用损失计入当期损益,作为坏账准备,待坏账实际发生时,冲销已计提的坏账准备和相应的应收款项的一种方法。

应收款项减值损失的估计方法有三种,即应收账款余额百分比法、账龄分析法和个别认定法。应收账款余额百分比法是指用年度终了时企业的各类应收账款余额乘以估计的坏账损失百分比,借以计算提取的坏账准备金数额的方法。账龄分析法是指按应收账款拖欠时间的长短,分析判断可收回金额和坏账的方法。个别认定法是指针对每项应收款项的实际情况分别估计坏账损失的方法。应收款项减值损失的估计方法一经确定,不得随意变更。

二、应收款项减值损失的账务处理

(一) 应收款项减值损失核算的账户设置

1. "坏账准备"账户

"坏账准备"账户属于资产类账户,用于核算企业坏账准备的计提、转销等事项,其账户结构如图 3-5 所示。

借方	坏账准备	贷方
本期减少额:① 实际发生的坏账损失金额 ② 冲减多提的坏账准备	本期增加额:① 当期计提的坏账准备 ② 收回已转销的应收账款而恢复的坏账准备	
	期末余额:反映企业已计提但尚未转销的坏账准备	

图 3-5 "坏账准备"账户结构

企业一般按应收款项的类别设置明细账进行明细分类核算。

2. "信用减值损失"账户

"信用减值损失"账户属于损益类账户,用于核算企业计提的各类金融工具减值准备所形成的预期信用损失,其账户结构如图 3-6 所示。

借方	信用减值损失	贷方
本期增加额:信用减值损失发生	本期减少额:① 冲减多提的坏账准备 ② 结转信用减值损失	

图 3-6 "信用减值损失"账户结构

企业一般按金融资产减值损失的项目进行明细分类核算。

(二) 应收款项减值损失的会计处理

1. 计提坏账准备

坏账准备可以按下列公式计算:

$$\text{当期应计提的坏账准备} = \text{当期按应收款项计提的坏账准备金额} - (\text{或} +) \text{"坏账准备"账户的贷方(或借方)余额}$$

企业计提坏账准备时,按照应收款项应减计金额,借记"信用减值损失——计提的坏账准备"账户,贷记"坏账准备"账户。冲减多提的坏账准备时,借记"坏账准备"账户,贷记"信用减值损失——计提的坏账准备"账户。

【例 3-11】 20×0 年 12 月 31 日,华信公司对华美公司 1 000 000 元的应收账款进行减值测试。华信公司根据华美公司的资信情况按 5% 坏账率计提坏账准备,"坏账准备"账户的贷方余额为 20 000 元。公司编制如下会计分录:

借:信用减值损失——计提的坏账准备　　　　　　　　　　　　　　　　30 000
　　贷:坏账准备　　　　　　　　　　　　　　　　　　　　　　　　　　30 000

2. 转销坏账

对于确实无法收回的应收款项,按管理权限报经批准后作为坏账转销时,借记"坏账准备"账户,贷记"应收账款""其他应收款"等账户。

【例 3-12】 承[例 3-11],20×1 年 6 月 30 日,华信公司应收华美公司的销货款实际发生坏账损失 40 000 元。公司编制如下会计分录:

借:坏账准备　　　　　　　　　　　　　　　　　　　　　　　　　　　40 000
　　贷:应收账款——华美公司　　　　　　　　　　　　　　　　　　　　40 000

【例 3-13】 承[例 3-11]和[例 3-12],20×1 年 12 月 31 日,华信公司应收华美公司账款 1 500 000 元。请计算企业应提取的坏账准备并编制会计分录。

当期应计提的坏账准备 = 1 500 000 × 5% − (50 000 − 40 000) = 65 000(元)

借:信用减值损失——计提的坏账准备　　　　　　　　　　　　　　　　65 000
　　贷:坏账准备　　　　　　　　　　　　　　　　　　　　　　　　　　65 000

3. 收回转销的坏账

已经确认并已经转销的坏账以后又收回,应当按实际收到的金额增加坏账准备账面余额,借记"应收账款""其他应收款"等账户,贷记"坏账准备"账户;同时,借记"银行存款"等账户,贷记"应收账款"等账户。

【例 3-14】 20×2 年 6 月 30 日,华信公司收回上年核销的应收华美公司账款 40 000 元。公司编制如下会计分录:

借:应收账款——华美公司　　　　　　　　　　　　　　　　　　　　　40 000
　　贷:坏账准备　　　　　　　　　　　　　　　　　　　　　　　　　　40 000

借:银行存款　　　　　　　　　　　　　　　　　　　　　　　　　　　　40 000
　　贷:应收账款——华美公司　　　　　　　　　　　　　　　　　　　　40 000

【例 3-15】 承[例 3-13]和[例 3-14],20×2 年 12 月 31 日,华信公司应收华美公司账款 1 200 000 元。请计算企业应提取的坏账准备并编制会计分录。

当期应计提的坏账准备 = 1 200 000 × 5% − (75 000 + 40 000) = −55 000(元)

借:坏账准备　　　　　　　　　　　　　　　　　　　　　　　　　　　　55 000
　　贷:信用减值损失——计提的坏账准备　　　　　　　　　　　　　　　55 000

> M企业采用备抵法核算坏账,坏账准备按应收账款余额的0.5%计提。20×1年年初"坏账准备"账户期初余额为2万元,当年年末应收账款余额为1000万元;第二年发生坏账3万元,收回以前年度已注销的坏账1万元。若第二年年末应收账款余额为800万元,则年末应计提的坏账准备是(　　)万元。
> A. 4　　　　B. 2　　　　C. 1　　　　D. 3

应收款项减值的直接转销法与备抵法对照,如表3-1所示。

表3-1　　　　　　　　直接转销法与备抵法对照表

方法名称	优点	缺点
直接转销法	(1) 账务处理简单; (2) 将坏账损失在实际发生时确认为损失,符合其偶发性特征和小企业经营管理的特点	(1) 不符合权责发生制会计基础,也与资产定义存在一定的冲突; (2) 坏账实际发生时,才将其确认为当期损益,导致资产和各期损益不实; (3) 在资产负债表上,应收账款是按账面余额而不是按账面价值反映,一定程度上高估了期末应收款项
备抵法	(1) 符合权责发生制和会计谨慎性要求,使财务报表使用者能了解企业应收款项预期可收回的金额和谨慎的财务状况; (2) 既有利于落实企业管理者的经管责任,又有利于企业外部利益相关者如实评价企业的经营业绩,作出谨慎的决策	(1) 估计预期信用损失的金额需要考虑众多因素,且有部分估计因素带有一定的主观性,对会计职业判断提出了较高要求,可能导致预期信用损失的确定不够准确和客观; (2) 客观存在企业管理者平滑利润进行盈余管理甚至利润操纵与舞弊的可能性,对会计制度的制定者、执行者和监管者等提出更高的要求

同步训练

1. 东美公司为增值税一般纳税人,增值税税率13%,20×2年发生部分经济业务如下:

(1) 5月31日,向东佳工厂销售商品一批,该批商品售价75 000元,由于对方批量采购,东美公司决定给予8折优惠。依据税法规定将折扣额与价款开在同一张增值税专用发票上。同日,东佳工厂签发期限为6个月的商业承兑汇票支付货款。

(2) 7月31日,因急需资金,持该汇票到银行申请贴现,年贴现率为6%,带追索权。

(3) 11月30日,票据到期,东佳工厂无力付款。银行行使追索权时,查明东美公司银行存款账户余额为50 000元,银行直接扣款,将扣款通知及未付票款通知书交由东美公司。

要求:分别编制东美公司销售商品、票据贴现和票据到期时的会计分录。

2. 东丽公司按应收款项余额百分比法计提坏账准备,计提比例5‰,发生的有关经济业务如下:

(1) 第一年年末应收账款余额为2 000万元。

(2) 第二年发生坏账10万元,年末应收账款余额2 000万元。

(3) 第三年年末应收账款余额 2 000 万元。

(4) 第四年年末应收账款余额 2 500 万元。

(5) 第五年年末应收账款余额 2 000 万元。

(6) 第六年 3 月收到以前年度已经转销的坏账 10 万元并已存银行,年末应收账款余额 1 800 万元。

要求:编制东丽公司以上经济业务的会计分录。

项目四 存 货

 **项目描述**

存货是企业在生产经营活动过程中为销售或耗用而储备的资产。在企业生产经营活动过程中,存货不断地被销售、耗用和重置,具有品种多、存放方式和地点多样、时效性强、占用资金高和管理难度大等特点。存货管理质量高低、周转快慢直接影响甚至决定企业的盈利能力、偿债能力乃至企业经营的成败,因此,加强企业存货的核算和管理具有重要的意义。

 **学习目标**

知识目标
1. 了解存货的概念、内容和分类。
2. 掌握原材料按实际成本核算和按计划成本核算。
3. 掌握原材料、库存商品、委托加工物资、周转材料以及存货清查的核算。

能力目标
1. 能够正确填制存货收发凭证,正确计算材料实际成本。
2. 能够掌握材料按实际成本和计划成本的核算,并进行会计处理。
3. 能够正确核算库存商品、周转材料和委托加工物资。
4. 掌握存货清查的方法、流程以及会计处理。

素质目标
1. 培养科学的思维方法、开拓创新精神和严谨的工作作风。
2. 学会与他人和谐相处,具有良好的团队精神。

 **案例导入**

某市地税稽查局在 2003 年税收财务大检查中,发现某五金厂 2002 年上半年和下半年对存货成本采用了不同的计价方法。该厂上半年的存货成本计价采用先进先出法,销售实现后,按账面存货成本结转产品销售成本。但是从 2002 年 7 月开始,原材料价格上涨,导致产成品成本上涨,该厂在未经税务机关批准的情况下,擅自改变存货计价方法,采用了加权平均法,致使 2002 年产品销售成本上升了将近 400 万元,该年度应纳税所得额也相应减少了 400 万元,少缴企业所得税 100 万元。

(摘自《中国税务报》2003 年 10 月)。

案例中,五金厂改变存货计价方法,对企业有什么影响?从《企业会计准则》和税法的角度探讨正确的存货会计处理方法。

知识导航

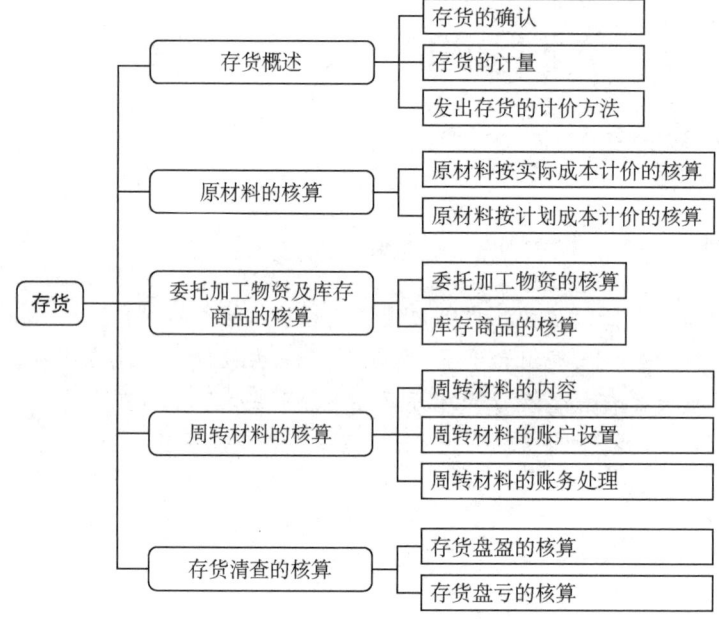

任务一 存货概述

知识课堂

一、存货的确认

存货是指企业在日常经营活动中持有以备出售的产成品或商品、处在生产过程中的在产品、将在生产过程或提供劳务过程中被耗用的材料和物料等。企业的存货通常包括原材料、在产品、半成品、产成品、商品、周转材料和委托代销商品等。

存货必须同时具备下列两个确认条件：

（1）与该存货有关的经济利益很可能流入企业。

（2）该存货的成本能够可靠地计量。

二、存货的计量

企业取得的存货应以其实际成本计量，存货实际成本包括采购成本、加工取得成本、自制成本以及其他成本等。不同方式取得的存货，其成本构成内容不同。

（一）采购成本

采购成本一般包括采购价格和相关税费（进口关税、消费税、小规模纳税人缴纳的增值税等）、运输费、装卸费、保险费以及其他可直接归属于存货采购成本的费用（如存货采购过程中发生的仓储费、包装费、运输途中的合理损耗、入库前的挑选整理费）。

(二) 加工取得成本

加工取得成本是指在存货加工过程中发生的追加费用,包括直接人工以及按一定方法分配的制造费用。

企业委托加工存货包括实际耗用的原材料或者半成品、加工费、运输费和装卸费等费用以及按规定应计入成本的税费。

(三) 自制成本

自制成本包括直接材料、直接人工和制造费用等。

(四) 其他成本

其他成本是指采购成本和加工成本以外,使存货达到目前场所和状态所发生的其他支出。例如,为特定客户设计产品所发生的、可直接认定的产品设计费用应计入存货成本,但是企业设计产品发生的设计费用通常计入当期损益。

> 对作为一般纳税人的工业制造业企业来说,下列可以计入存货成本的项目有( )。
> A. 增值税进项税额　　　　　　　　B. 商业折扣
> C. 短期借款利息费用　　　　　　　D. 生产产品的间接费用

三、发出存货的计价方法

企业发出存货可以按实际成本核算,也可以按计划成本核算。如采用计划成本核算,会计期末应调整为实际成本。在实际成本核算方式下,企业应当采用的发出存货成本的计价方法有个别计价法、先进先出法和月末一次加权平均法等。按照小企业会计准则规定,小企业应当采用先进先出法、月末一次加权平均法或个别计价法确定发出存货成本。计价方法一经确定,不得随意变更。

(一) 个别计价法

个别计价法是指以每批存货的实际单位成本作为该批存货发出的单价计算其成本的方法。

【例 4-1】 华信公司存货按实际成本核算,20×2 年 3 月,A 存货明细账,如表 4-1 所示。

表 4-1　　　　　　　　　　　A 存货明细账　　　　　　　　　计量单位:千克

20×2年		凭证编号	摘要	收入			发出			结存		
月	日			数量	单价	金额	数量	单价	金额	数量	单价	金额
3	1		期初余额							400	0.80	320.00
	10		购入	100	0.82	82.00				500		
	11	(略)	发出				410			90		
	18		购入	100	0.90	90.00				190		

(续表)

20×2年		凭证编号	摘要	收入			发出			结存		
月	日			数量	单价	金额	数量	单价	金额	数量	单价	金额
	20		发出				80			110		
	23		购入	150	0.92	138.00				260		
	31		本月合计	350		310.00	490			260		

要求：按个别计价法确定发出存货成本，并登记存货明细账。

假定经过逐一辨认，3月11日发出的410件A存货中，400件系期初库存存货，10件系3月10日购入存货；3月20日发出的80件系3月18日购入的存货。按照个别计价法登记的A存货3月份明细账，如表4-2所示。

表4-2　　　　　　　　　　　A存货明细账

（个别计价法）　　　　　　　　　　　计量单位：千克

20×2年		凭证编号	摘要	收入			发出			结存		
月	日			数量	单价	金额	数量	单价	金额	数量	单价	金额
3	1		期初余额							400	0.80	320.00
	10		购入	100	0.82	82.00				400 100	0.80 0.82	320.00 82.00
	11	（略）	发出				400 10	0.80 0.82	320.00 8.20	90	0.82	73.80
	18		购入	100	0.90	90.00				90 100	0.82 0.90	73.80 90.00
	20		发出				80	0.90	72.00	90 20	0.82 0.90	73.80 18.00
	23		购入	150	0.92	138.00				90 20 150	0.82 0.90 0.92	73.80 18.00 138.00
	31		本月合计	350		310.00	490		400.20	90 20 150	0.82 0.90 0.92	73.80 18.00 138.00

（二）先进先出法

先进先出法是指以先购入的存货应先发出作为实物流转的假设前提，对发出存货进行计价的方法。采用这种方法，先购入存货的成本在后购入存货的成本之前转出，据此确定发出存货和期末存货的成本。其具体做法是：收入存货时，逐笔登记收入存货数量、单价和金额；发出存货时，按照先进先出原则逐笔登记存货的发出成本和结存金额。

【例4-2】承［例4-1］资料。要求：按先进先出法确定发出存货成本，并登记存货明细账。3月份A存货的明细账，如表4-3所示。

表 4-3　　　　　　　　　　　　A 存货明细账

（先进先出法）　　　　　　　　　　　　　　　计量单位：千克

20×2年		凭证编号	摘要	收入			发出			结存		
月	日			数量	单价	金额	数量	单价	金额	数量	单价	金额
3	1		期初余额							400	0.80	320.00
	10		购入	100	0.82	82.00				400 100	0.80 0.82	320.00 82.00
	11	（略）	发出				400 10	0.80 0.82	320.00 8.20	90	0.82	73.80
	18		购入	100	0.90	90.00				90 100	0.82 0.90	73.80 90.00
	20		发出				80	0.82	65.60	10 100	0.82 0.90	8.20 90.00
	23		购入	150	0.92	138.00				10 100 150	0.82 0.90 0.92	8.20 90.00 138.00
	31		本月合计	350		310.00	490		393.80	10 100 150	0.82 0.90 0.92	8.20 90.00 138.00

（三）月末一次加权平均法

月末一次加权平均法是指以本月全部进货数量加上月初存货数量作为权数，除以本月全部进货成本加上月初存货成本，计算存货的加权平均单位成本，以此为基础计算本月发出存货成本和期末结存存货成本的方法。其计算公式如下：

$$\text{加权平均单价} = \left(\frac{\text{期初结存存货}}{\text{实际成本}} + \frac{\text{本期收入存货}}{\text{实际成本}}\right) \div \left(\frac{\text{期初结存}}{\text{存货数量}} + \frac{\text{本期收入}}{\text{存货数量}}\right)$$

$$\text{期末结存存货成本} = \text{期末结存存货数量} \times \text{加权平均单价}$$

$$\text{发出存货成本} = \text{发出存货数量} \times \text{加权平均单价}$$

或：

$$\text{发出存货成本} = \text{期初结存存货成本} + \text{本期收入存货成本} - \text{期末结存存货成本}$$

【例 4-3】 承［例 4-1］资料。要求：按照月末一次加权平均法计算发出存货成本，并登记存货明细账。3月份 A 存货的明细账，如表 4-4 所示。

表 4-4　　　　　　　　　　　　A 存货明细账

（月末一次加权平均法）　　　　　　　　　　　计量单位：千克

20×2年		凭证编号	摘要	收入			发出			结存		
月	日			数量	单价	金额	数量	单价	金额	数量	单价	金额
3	1		期初余额							400	0.80	320.00

(续表)

20×2年		凭证编号	摘要	收入			发出			结存		
月	日			数量	单价	金额	数量	单价	金额	数量	单价	金额
	10		购入	100	0.82	82.00				500		
	11	(略)	发出				410			90		
	18		购入	100	0.90	90.00				190		
	20		发出				80			110		
	23		购入	150	0.92	138.00				260		
	31		本月合计	350		310.00	490		411.60	260	0.84	218.40

对于性质和用途相似的存货,应当采用相同的成本计算方法,计价方法不得随意变更。如需变更,需在附注中说明。

任务二　原材料的核算

知识课堂

一、原材料按实际成本计价的核算

原材料按实际成本计价的核算是指每种材料的收发与结存,不论是总分类核算,还是明细分类核算,都要按实际单位成本进行计价。

(一)原材料按实际成本核算的账户设置

1."原材料"账户

"原材料"账户属于资产类账户,用于核算企业库存各种材料的收入、发出与结存情况。其账户结构如图4-1所示。

借方	原材料	贷方
本期增加额:入库材料实际成本		本期减少额:发出材料实际成本
期末余额:期末库存材料实际成本		

图4-1　"原材料"账户结构

企业一般按材料的保管地点(仓库)、材料类别、品种和规格设置明细账进行明细分类核算。

2."在途物资"账户

"在途物资"账户属于资产类账户,用于企业采用实际成本(进价)采购的材料、商品等物资的日常核算,记录价款已付但尚未验收入库的各种在途物资的采购成本。其账户结构如图4-2所示。

借方	在途物资	贷方
本期增加额:企业购入在途物资实际成本		本期减少额:验收入库的材料物资实际成本
期末余额:期末在途物资采购成本		

图 4-2 "在途物资"账户结构

企业一般按供应单位和物资品种设置明细账进行明细分类核算。

3."应付账款"账户

"应付账款"账户属于负债类账户,用于核算企业因购买材料、商品和接受服务等经营活动应支付的款项。其账户结构如图 4-3 所示。

借方	应付账款	贷方
本期减少额:① 已经支付的账款 ② 开出商业汇票抵付账款		本期增加额:购买材料、商品和接受服务等经营活动应支付的款项
		期末余额:尚未支付的应付账款

图 4-3 "应付账款"账户结构

企业一般按债权人设置明细账进行明细分类核算。

(二)原材料购进的账务处理

1. 货款已经支付,材料验收入库

【例 4-4】 20×2 年 12 月 2 日,华信公司购入 A 材料 10 000 千克,买价 10 元/千克,价款计 100 000 元,增值税额 13 000 元。发生运费 2 000 元,增值税额 180 元,装卸费 1 000 元,材料已经入库,实际数量 9 900 千克,损失 100 千克(属于合理损耗),款项均以银行存款支付。公司编制如下会计分录:

借:原材料——A 材料　　　　　　　　　　　　　　　　　　　　103 000
　　应交税费——应交增值税(进项税额)　　　　　　　　　　　　 13 180
　贷:银行存款　　　　　　　　　　　　　　　　　　　　　　　116 180

考一考

小规模纳税人不允许抵扣进项税额,因此,进项税额应计入采购成本。沿用[例 4-4]资料,企业原材料的实际成本是多少?应如何编制会计分录?

2. 货款已经支付,材料尚未验收入库

【例 4-5】 20×2 年 12 月 12 日,华信公司购入 B 材料 1 000 千克,买价 20 元/千克,价款计 20 000 元,增值税额 2 600 元。发生的运费 1 000 元,增值税额 90 元。款项均以银行存款支付,材料尚未入库。公司编制如下会计分录:

(1)购买材料时:

借:在途物资　　　　　　　　　　　　　　　　　　　　　　　 21 000
　　应交税费——应交增值税(进项税额)　　　　　　　　　　　　 2 690
　贷:银行存款　　　　　　　　　　　　　　　　　　　　　　　23 690

(2) 材料入库时：

借：原材料——B材料　　　　　　　　　　　　　　　　　21 000
　　贷：在途物资　　　　　　　　　　　　　　　　　　　　21 000

3. 材料已经验收入库，货款尚未支付

【例4-6】 20×2年12月12日，华信公司采用委托收款结算方式购入C材料一批，增值税专用发票上注明的价款为100 000元，增值税额13 000元。银行转来结算凭证已经到达，款项尚未支付，材料已经验收入库。公司编制如下会计分录：

借：原材料——C材料　　　　　　　　　　　　　　　　　100 000
　　应交税费——应交增值税（进项税额）　　　　　　　　　 13 000
　　贷：应付账款　　　　　　　　　　　　　　　　　　　 113 000

【例4-7】 20×2年12月26日，华信公司购入C材料一批，材料已验收入库，但发票等结算凭证尚未收到，货款尚未支付。至月末仍未收到发票等结算凭证，假定其暂估价为48 000元。公司编制如下会计分录：

借：原材料——C材料　　　　　　　　　　　　　　　　　 48 000
　　贷：应付账款——暂估应付账款　　　　　　　　　　　　 48 000

下月初用红字冲销原暂估入账金额：

借：原材料——C材料　　　　　　　　　　　　　　　　　 48 000
　　贷：应付账款——暂估应付账款　　　　　　　　　　　　 48 000

实际付款时或开出、承兑商业汇票后按正常程序，借记"原材料""应交税费——应交增值税（进项税额）"账户，贷记"银行存款"或"应付票据"账户。

4. 货款已经预付，材料尚未验收入库

【例4-8】 20×2年12月5日，华信公司根据与华兰公司（增值税一般纳税人）的购销合同规定，为购买D材料预付材料款60 000元，已经通过汇兑方式汇出款项。12月10日，收到华兰公司发来材料。增值税专用发票上注明价款80 000元，增值税额10 400元，所欠款项以银行存款付讫。公司编制如下会计分录：

（1）预付材料款时：

借：预付账款——华兰公司　　　　　　　　　　　　　　　 60 000
　　贷：银行存款　　　　　　　　　　　　　　　　　　　　60 000

（2）材料入库时：

借：原材料——D材料　　　　　　　　　　　　　　　　　 80 000
　　应交税费——应交增值税（进项税额）　　　　　　　　　 10 400
　　贷：预付账款——华兰公司　　　　　　　　　　　　　　 90 400

（3）补付货款时：

借：预付账款——华兰公司　　　　　　　　　　　　　　　 30 400
　　贷：银行存款　　　　　　　　　　　　　　　　　　　　30 400

(三)原材料发出的账务处理

根据发出原材料的不同用途,分别按以下几种情况处理:①生产经营管理领用材料,按照领用材料用途和实际成本,借记"生产成本""制造费用""管理费用""销售费用"等账户,贷记"原材料"账户;②出售原材料,按发出材料实际成本,借记"其他业务成本"账户,贷记"原材料"账户;③发出委托外单位加工的材料,按发出材料实际成本,借记"委托加工物资"账户,贷记"原材料"账户。

企业采用实际成本计价法进行材料核算,发出材料的实际成本,可以采用个别计价法、先进先出法和加权平均法计算确定。

【例4-9】 20×2年3月31日,华信公司根据发料凭证汇总表(表4-5),编制如下会计分录:

表4-5

发料凭证汇总表

20×2年3月31日

领料部门	原材料				合计
	原料及主要材料	辅助材料	燃料	修理用配件	
基本生产车间(产品生产)	54 000	3 500			57 500
基本生产车间(一般消耗)		4 600		500	5 100
企业管理部门			3 200		3 200
在建工程	4 800	2 900			7 700
合计	58 800	11 000	3 200	500	73 500

```
借:生产成本                                57 500
    制造费用                                 5 100
    管理费用                                 3 200
    在建工程                                 7 700
  贷:原材料                                          73 500
```

二、原材料按计划成本计价的核算

原材料按计划成本计价是指企业材料的收入、发出和结存,均按事先制定的计划成本计价,将实际成本与计划成本的差额通过"材料成本差异"账户反映,期末再将发出材料的计划成本调整为实际成本的方法。

(一)原材料按计划成本核算的账户设置

1. "材料采购"账户

"材料采购"账户属于资产类账户,用于总括反映企业购入各种材料的采购成本,其账户结构如图4-4所示。

借方	材料采购	贷方
① 外购材料的实际采购成本 ② 结转验收入库材料的节约差异		① 验收入库材料的计划成本 ② 结转验收入库材料的超支差异
期末余额:在途材料的实际采购成本		

图4-4 "材料采购"账户结构

企业一般按供货单位或材料类别设置明细账进行明细分类核算。

2."原材料"账户

"原材料"账户属于资产类账户,用于核算企业库存各种材料的计划成本,其账户结构如图 4-5 所示。

借方	原材料	贷方
本期增加额:入库材料计划成本	本期减少额:发出材料计划成本	
期末余额:期末库存材料计划成本		

图 4-5 "原材料"账户结构

3."材料成本差异"账户

"材料成本差异"账户属于资产类账户,用于核算入库各种材料的实际成本与计划成本的差异,其账户结构如图 4-6 所示。

借方	材料成本差异	贷方
① 验收入库材料的超支差异 ② 结转发出材料的节约差异	① 验收入库材料的节约差异 ② 结转发出材料的超支差异	
期末余额:库存材料的超支差异	期末余额:库存材料的节约差异	

图 4-6 "材料成本差异"账户结构

企业一般按材料类别或品种设置明细账进行明细分类核算。

"材料成本差异"账户是"原材料"账户的附加备抵调整账户。"材料成本差异"账户期末借方或贷方余额与"原材料"账户期末借方余额的代数和即企业期末库存材料的实际成本。

(二)原材料购进的账务处理

1.货款已经支付,材料验收入库

【例 4-10】 20×2 年 4 月 2 日,华信公司购入 A 材料一批,价款 5 000 元,增值税额 650 元,款项已用银行存款支付。另用银行存款支付运费 200 元,增值税额 18 元。材料验收入库,A 材料的计划成本 5 000 元。公司编制如下会计分录:

借:材料采购　　　　　　　　　　　　　　　　　　　　　　　　　5 200
　　应交税费——应交增值税(进项税额)　　　　　　　　　　　　　　668
　　贷:银行存款　　　　　　　　　　　　　　　　　　　　　　　　5 868

同时:

借:原材料——A 材料　　　　　　　　　　　　　　　　　　　　　5 000
　　贷:材料采购　　　　　　　　　　　　　　　　　　　　　　　　5 000
借:材料成本差异——A 材料　　　　　　　　　　　　　　　　　　　200
　　贷:材料采购　　　　　　　　　　　　　　　　　　　　　　　　　200

或:

借:原材料——A材料　　　　　　　　　　　　　　　　　　　　　　　5 000
　　材料成本差异——A材料　　　　　　　　　　　　　　　　　　　　200
　　贷:材料采购　　　　　　　　　　　　　　　　　　　　　　　　　　5 200

A材料的实际成本5 200元大于计划成本5 000元的差异额200元为超支差异。

2. 货款已经支付,材料尚未验收入库

【例4-11】 20×2年4月20日,华信公司购入B材料一批,价款10 000元,增值税额1 300元,款项已用银行存款支付。另用银行存款支付运费500元,增值税额45元。材料尚未到达验收入库,B材料的计划成本9 500元。公司编制如下会计分录:

借:材料采购　　　　　　　　　　　　　　　　　　　　　　　　　　10 500
　　应交税费——应交增值税(进项税额)　　　　　　　　　　　　　　1 345
　　贷:银行存款　　　　　　　　　　　　　　　　　　　　　　　　　11 845

3. 材料已经验收入库,货款尚未支付

【例4-12】 20×2年12月10日,华信公司从华光公司购入C材料500吨,单价20元,计划单价22元,价款10 000元,增值税额1 300元,C材料已验收入库,款项尚未支付。公司编制如下会计分录:

借:材料采购　　　　　　　　　　　　　　　　　　　　　　　　　　10 000
　　应交税费——应交增值税(进项税额)　　　　　　　　　　　　　　1 300
　　贷:应付账款——华光公司　　　　　　　　　　　　　　　　　　　11 300

同时:

借:原材料——C材料　　　　　　　　　　　　　　　　　　　　　　　11 000
　　贷:材料采购　　　　　　　　　　　　　　　　　　　　　　　　　10 000
　　　　材料成本差异　　　　　　　　　　　　　　　　　　　　　　　1 000

【例4-13】 20×2年12月5日,华信公司购入D材料一批,材料已验收入库,月末账单未到,款项未付,材料的计划成本3 000元。公司编制如下会计分录:

4月30日,暂估入账时:

借:原材料——D材料　　　　　　　　　　　　　　　　　　　　　　　3 000
　　贷:应付账款——暂估应付账款　　　　　　　　　　　　　　　　　3 000

下月初用红字凭证冲回时:

借:原材料——D材料　　　　　　　　　　　　　　　　　　　　　　　3 000
　　贷:应付账款——暂估应付账款　　　　　　　　　　　　　　　　　3 000

企业对"原材料""材料成本差异"账户余额既可以逐笔结转,又可以月末汇总核算,记入"原材料"账户,同时结转材料成本差异。

(三)原材料发出的账务处理

企业发出材料时,一律采用计划成本计价。根据发出材料的不同用途和计划成本,借记"生产成本""制造费用"等账户,贷记"原材料"账户。期末结转发出材料应负担的材料成本差异,将发出材料的计划成本调整成为实际成本。调整方法是将期末的材料成本差异在已

经发出材料和期末结存材料之间进行分摊,其计算公式如下:

$$原材料成本差异率 = \left(\frac{期初结存材料成本差异 + 本期收入材料成本差异}{期初结存材料计划成本 + 本期收入材料计划成本}\right)$$

本期发出材料应分摊的材料成本差异＝发出材料计划成本×材料成本差异率

【例 4-14】 华信公司 20×2 年 12 月初"原材料——L 材料"账户借方余额 14 000 元,"材料成本差异——L 材料"账户贷方余额 400 元,本月入库材料的计划成本 16 000 元,本月"材料成本差异"账户贷方发生额 800 元。本月生产车间用于产品生产领用材料 2 000 元,车间一般耗用材料 500 元,厂部领用 800 元。公司编制如下会计分录:

(1) 结转发出材料的计划成本时:

借:生产成本　　　　　　　　　　　　　　　　　　　　　2 000
　　制造费用　　　　　　　　　　　　　　　　　　　　　　500
　　管理费用　　　　　　　　　　　　　　　　　　　　　　800
　　贷:原材料——L 材料　　　　　　　　　　　　　　　　　3 300

(2) 结转本月发出材料成本差异时:

原材料成本差异率＝(－400－800)÷(14 000＋16 000)×100％＝－4％

借:材料成本差异——L 材料　　　　　　　　　　　　　　　122
　　贷:生产成本　　　　　　　　　　　　　　　　　　　　　80
　　　　制造费用　　　　　　　　　　　　　　　　　　　　　10
　　　　管理费用　　　　　　　　　　　　　　　　　　　　　32

考一考

"材料成本差异"账户贷方可以用来登记(　　)。
A. 购进材料实际成本小于计划成本的差额
B. 发出材料应负担的超支差异
C. 发出材料应负担的节约差异
D. 库存材料的节约差异

任务三　委托加工物资及库存商品的核算

知识课堂

一、委托加工物资的核算

委托加工物资是指企业委托外单位加工的各种材料和商品等物资。与材料或商品销售不同,委托加工材料发出后,其保管地点发生位移,但仍属企业存货范畴。企业委托外单位加工物资的成本包括拨付加工物资的实际成本、支付的往返运费、加工费及支付的相关税费等。

(一)"委托加工物资"账户设置

"委托加工物资"账户属于资产类账户,用于核算委托加工物资增减变动及其结存情况。其账户结构如图4-7所示。

借方	委托加工物资	贷方
本期增加额:委托加工物资的实际成本		本期减少额:① 加工完成验收入库的物资的实际成本 ② 收回剩余物资的实际成本
期末余额:尚未完工的委托加工物资的实际成本		

图4-7 "委托加工物资"账户结构

企业一般按加工合同、受托加工单位以及加工物资的品种等设置明细账进行明细分类核算。

(二)委托加工物资的账务处理

【例4-15】 20×2年12月5日,华信公司委托常兴模具厂加工一批模具。假定原材料及模具均按计划成本计价,发出材料(A材料)的计划成本为20 000元,材料成本差异率为4%。华信公司以银行存款支付发出委托加工材料的运费300元,增值税专用发票上注明增值税额27元。上述材料已加工成模具,华信公司与常兴模具厂办理结算,支付加工费1 000元,增值税专用发票上注明增值税额130元。上述加工模具收回,验收入库,计划成本为29 000元。公司编制如下会计分录:

(1)发出物资时:

借:委托加工物资　　　　　　　　　　　　　　　　　　　　　　20 800
　　贷:原材料——A材料　　　　　　　　　　　　　　　　　　　　20 000
　　　　材料成本差异　　　　　　　　　　　　　　　　　　　　　　800

(2)支付运费时:

借:委托加工物资　　　　　　　　　　　　　　　　　　　　　　　　300
　　应交税费——应交增值税(进项税额)　　　　　　　　　　　　　　27
　　贷:银行存款　　　　　　　　　　　　　　　　　　　　　　　　327

(3)支付加工费时:

借:委托加工物资　　　　　　　　　　　　　　　　　　　　　　　1 000
　　应交税费——应交增值税(进项税额)　　　　　　　　　　　　　　130
　　贷:银行存款　　　　　　　　　　　　　　　　　　　　　　　1 130

(4)加工完成验收入库时:

借:原材料——模具　　　　　　　　　　　　　　　　　　　　　29 000
　　贷:委托加工物资　　　　　　　　　　　　　　　　　　　　　22 100
　　　　材料成本差异　　　　　　　　　　　　　　　　　　　　　6 900

二、库存商品的核算

库存商品是指企业完成全部生产过程并已验收入库、合乎标准规格和技术条件,可以按照合同规定的条件送交订货单位,或可以作为商品对外销售的产品以及外购或委托加工完成验收入库用于销售的各种商品。

库存商品包括库存产成品、外购商品、存放在销售部门准备出售的商品、发出展览的商品、寄存在外的商品、接受来料加工制造的代制品和为外单位加工修理的代修品等。

(一)"库存商品"账户设置

"库存商品"账户属于资产类账户,用于核算库存商品的增减变动及其结存情况,其账户结构如图4-8所示。

借方	库存商品	贷方
本期增加额:库存商品的增加		本期减少额:库存商品的减少
期末余额:期末结存库存商品的金额		

图4-8 "库存商品"账户结构

企业一般按库存商品的种类、品种和规格设置明细账进行明细分类核算。

(二)库存商品的账务处理

1. 商品验收入库

对于库存商品采用实际成本核算的企业,当产品加工完成并验收入库时,应按实际成本,借记"库存商品"账户,贷记"生产成本"账户。

【例4-16】 20×2年8月,华信公司已验收入库M产品1 000台,实际单位成本5 000元,共计5 000 000元;N产品2 000台,实际单位成本1 000元,共计2 000 000元。公司编制如下会计分录:

借:库存商品——M产品　　　　　　　　　　　　　　　　　5 000 000
　　　　　　——N产品　　　　　　　　　　　　　　　　　2 000 000
　贷:生产成本——M产品　　　　　　　　　　　　　　　　　5 000 000
　　　　　　——N产品　　　　　　　　　　　　　　　　　2 000 000

2. 库存商品发出

企业销售产成品按规定确认收入的同时,应计算、结转与收入相关的产成品成本,通常在期(月)末进行。

【例4-17】 华信公司20×2年8月末汇总的发出商品中,当月已实现销售的M产品400台,N产品1 200台。该月采用加权平均法计算的M产品实际单位成本5 000元,N产品实际单位成本1 000元。公司编制如下会计分录:

借:主营业务成本　　　　　　　　　　　　　　　　　　　　3 200 000
　贷:库存商品——M产品　　　　　　　　　　　　　　　　　2 000 000
　　　　　　——N产品　　　　　　　　　　　　　　　　　1 200 000

任务四 周转材料的核算

知识课堂

一、周转材料的内容

周转材料是指企业能够多次使用、不符合固定资产定义、逐渐转移其价值但仍保持原有形态的材料物品。企业的周转材料包括包装物和低值易耗品,以及小企业(建筑业)的钢模板、木模板和脚手架等。

(一)包装物

包装物是指为包装本企业产品或商品而储备的各种包装容器,如箱、桶、瓶、坛和袋等。它具体包括:

(1)生产过程中用于包装产品作为产品组成部分的包装物。

(2)随同商品出售而不单独计价的包装物。

(3)随同商品出售单独计价的包装物。

(4)出租或出借给购买单位使用的包装物。

知识拓展

> 按照小企业会计准则规定,小企业的各种包装材料,如纸、绳、铁丝和铁皮等,应在"原材料"账户内核算;用于储存和保管产品、材料而不对外出售的包装物,应按照价值大小和使用年限长短,分别在"固定资产"或"原材料"账户核算。上述包装材料和包装物不属于包装物核算的内容。

(二)低值易耗品

低值易耗品是指使用期限较短或者单位价值较低的,能多次使用而不改变其原有实物形态的各种用具和物品。

二、周转材料的账户设置

"周转材料"账户属于资产类账户,用于核算周转材料的增减变动及其价值损耗、结存等情况,其账户结构如图4-9所示。

借方	周转材料	贷方
本期增加额:周转材料的增加额	本期减少额:周转材料的减少额	
期末余额:期末结存周转材料金额		

图4-9 "周转材料"账户结构

企业一般按周转材料的种类设置明细账进行明细分类核算。

三、周转材料的账务处理

(一) 包装物的账务处理

企业可以按照实际成本或计划成本计价对包装物进行核算。

1. 购进包装物

【例4-18】 华信公司包装物按实际成本计价核算。20×2年12月1日,购进一批产品包装用纸箱600只,取得的增值税专用发票上注明的价款为6 000元,增值税额780元,款项以银行存款支付。公司编制如下会计分录:

```
借:周转材料——包装物                              6 000
     应交税费——应交增值税(进项税额)                 780
  贷:银行存款                                     6 780
```

2. 生产领用包装物

【例4-19】 承[例4-18],20×2年12月5日,华信公司生产车间领用上述纸箱500只,用以包装本公司生产的M产品。公司编制如下会计分录:

```
借:生产成本——M产品                              5 000
  贷:周转材料——包装物                             5 000
```

3. 随同商品销售包装物

【例4-20】 20×2年12月8日,华信公司销售商品时领用不单独计价的新纸箱20只,单位成本8元。公司编制如下会计分录:

```
借:销售费用                                       160
  贷:周转材料——包装物                              160
```

【例4-21】 20×2年12月8日,华信公司销售货物领用单独计价新铁桶40只,单价110元,单位成本100元,共计货款4 400元,增值税额572元,款项已收到存入银行。公司编制如下会计分录:

```
借:银行存款                                     4 972
  贷:其他业务收入——出售包装物                      4 400
     应交税费——应交增值税(销项税额)                572
```

结转其销售成本时:

```
借:其他业务成本——出售包装物                      4 000
  贷:周转材料——包装物                             4 000
```

4. 出租包装物

【例4-22】 20×2年12月10日,华信公司出租给常安公司新塑料桶400只,租期10天,每只收取租金20元(含税)、押金54元,塑料桶单位成本48元,采用一次摊销法。公司编制如下会计分录:

(1) 出租包装物时：

借：其他业务成本——出租包装物　　　　　　　　　　　　　　　　　　19 200
　　贷：周转材料——包装物　　　　　　　　　　　　　　　　　　　　　　19 200

(2) 收取租金和押金时：

借：银行存款　　　　　　　　　　　　　　　　　　　　　　　　　　　29 600.00
　　贷：其他业务收入——出租包装物　　　　　　　　　　　　　　　　　7 079.65
　　　　应交税费——应交增值税（销项税额）　　　　　　　　　　　　　　920.35
　　　　其他应付款——存入保证金　　　　　　　　　　　　　　　　　　21 600.00

(3) 退还押金时：

借：其他应付款——存入保证金　　　　　　　　　　　　　　　　　　　21 600
　　贷：银行存款　　　　　　　　　　　　　　　　　　　　　　　　　　21 600

租金及没收押金中所含增值税额的计算

租金一般为含税收入，要拆分后分别确认。例如[例4-22]，租金＝400×20＝8 000(元)，拆分后不含税金额＝8 000÷(1+13%)＝7 079.65(元)，增值税额＝7 079.65×13%＝920.35(元)。

若承租单位不符合退还押金的条件则没收押金，没收押金为含税收入，要拆分后分别确认。假设上例租期满，包装物逾期未还，则没收押金21 600元。拆分后不含税金额＝21 600÷(1+13%)＝19 115.04(元)，增值税额＝19 115.04×13%＝2 484.96(元)。

(二) 低值易耗品的账务处理

低值易耗品可在领用时一次计入成本费用，也可以采用分次摊销法进行摊销。采用分次摊销法摊销低值易耗品的，在每次领用低值易耗品时，按其账面价值摊销单次平均摊销额，同时在"周转材料——低值易耗品"账户下分别设置"在库低值易耗品""在用低值易耗品""摊销低值易耗品"三级明细账户。

【例4-23】 华信公司对低值易耗品采用实际成本法核算。20×2年12月5日，基本生产车间领用专用工具一批，实际成本为100 000元，采用分次摊销法进行摊销。该批专用工具的估计使用次数为4次。公司编制如下会计分录：

(1) 领用专用工具时：

借：周转材料——低值易耗品——在用低值易耗品　　　　　　　　　　100 000
　　贷：周转材料——低值易耗品——在库低值易耗品　　　　　　　　　100 000

(2) 第一次摊销其价值的1/4时：

借：制造费用　　　　　　　　　　　　　　　　　　　　　　　　　　25 000
　　贷：周转材料——低值易耗品——摊销低值易耗品　　　　　　　　　　25 000

第二至第四次分别摊销其价值的1/4，分录同上。

(3) 摊销完成核销在用低值易耗品时：

借：周转材料——低值易耗品——摊销低值易耗品　　　　　　100 000
　　贷：周转材料——低值易耗品——在用低值易耗品　　　　　　　100 000

任务五　存货清查的核算

知识课堂

存货清查是指根据账簿记录，对各种存货进行实地盘点和核对。其目的是保护存货的安全完整，并达到账实相符。

一、存货盘盈的核算

存货盘盈是指存货的实存数大于账存数。存货盘盈的原因很多，如收发计量或核算上的错误等。在没有查明原因时，应及时办理存货入账手续，调整账面记录。

【例4-24】　20×2年12月31日，华信公司在清查存货时，盘盈A材料50千克。经查明是由于收发计量误差所造成的，按最后一次购入的实际成本每千克9元入账。公司编制如下会计分录：

（1）发现盘盈未经批准前：

借：原材料——A材料　　　　　　　　　　　　　　　　　　　　450
　　贷：待处理财产损溢——待处理流动资产损溢　　　　　　　　　　450

（2）经相关部门批准后冲减管理费用时：

借：待处理财产损溢——待处理流动资产损溢　　　　　　　　　　450
　　贷：管理费用　　　　　　　　　　　　　　　　　　　　　　　450

二、存货盘亏的核算

存货盘亏是指存货的实存数小于账存数。能确定过失人责任的存货盘亏应由过失人赔偿，属于保险责任范围的，应向保险公司索赔，扣除过失人或保险公司赔款和残料价值后，属于一般经营损失的部分计入管理费用，属于非常损失的，计入营业外支出。

【例4-25】　20×2年12月31日，华信公司在清查存货时，盘亏C材料1 000千克，每千克实际成本20元，增值税税率13%，经查明属于保管员李明管理不善所造成。经研究决定李明赔偿10 000元。公司编制如下会计分录：

（1）批准前，调整存货账面记录时：

借：待处理财产损溢——待处理流动资产损溢　　　　　　　　　22 600
　　贷：原材料——C材料　　　　　　　　　　　　　　　　　　20 000
　　　　应交税费——应交增值税（进项税额转出）　　　　　　　2 600

(2) 批准后,分别不同情况入账时:

借:其他应收款——李明　　　　　　　　　　　　　　　　10 000
　　管理费用　　　　　　　　　　　　　　　　　　　　　12 600
　贷:待处理财产损溢——待处理流动资产损溢　　　　　　　　22 600

同步训练

1. 宏大公司为增值税一般纳税人,发出材料采用加权平均法计价。20×2年5月,甲材料账面结存数量为228千克,单价62.5元。5月份发生与甲材料有关的经济业务如下:

(1) 6日,购入800千克,单价61元,价款48 800元,增值税额6 344元,运杂费960元。上述款项以银行存款支付,材料已验收入库。

(2) 15日,生产领用900千克。

(3) 22日,购入500千克,单价59元,价款29 500元,增值税额3 835元,材料在验收入库时发现短缺28千克,经查是运输途中的合理损耗,款项尚未支付。

(4) 27日,生产领用420千克。

要求:

(1) 计算甲材料的加权平均单价(加权平均单价保留两位小数)。

(2) 计算甲材料的发出成本。

(3) 计算甲材料的结存成本。

2. 20×2年7月,康乐公司委托秋日公司加工一批消费品,收回后继续加工,增值税税率13%,消费税税率10%。康乐公司7月有关经济业务如下:

(1) 3日发出材料一批,委托秋日公司加工成甲商品,材料计划成本40 000元,材料成本差异超支400元。

(2) 4日,支付运费4 000元,取得增值税专用发票,增值税税率9%。

(3) 15日,支付加工费8 000元,取得增值税专用发票,增值税税率13%。

(4) 16日,以银行存款支付消费税额5 378元。

(5) 17日,甲商品收回入库,计划成本60 000元。

要求:编制康乐公司以上经济业务的会计分录。

3. 20×2年5月,蒋英公司发生有关包装物业务如下:

(1) 基本生产车间生产产品领用包装物,实际成本6 000元。

(2) 自制包装物一批,实际成本800元,已验收入库。

(3) 销售产品领用包装物一批,实际成本24 000元,不单独计价。

(4) 销售产品一批,售价840 000元,增值税额109 200元;随同产品销售领用包装物一批,实际成本20 000元,售价23 000元,增值税额2 990元,上述款项均未收到。

(5) 企业出租领用包装物,实际成本3 000元,为期3个月,收取押金3 500元,收到本月租金1 000元,增值税额130元,采用一次转销法摊销。

(6) 3个月后,包装物如数归还,企业开具一张转账支票归还押金,同时将该批包装物报废,其残料价值800元,已入库。

(7) 假设3个月后,对方未退回包装物,没收押金3 500元。

（8）企业出借领用包装物，实际成本1 000元，同时收取押金1 800元；到期后，对方只归还一半包装物，没收押金900元，其余押金开出转账支票退回。

（9）报废出借退回的包装物，残料价值700元，已入库。

要求：编制蒋英公司以上经济业务的会计分录。

项目五　固定资产

 **项目描述**

固定资产是企业生产经营过程中拥有的重要的劳动资料,包括房屋、建筑物、机器设备、器具和工具等。固定资产具有较长的使用寿命和较高的价值,在使用过程中保持原有的实物形态,其价值由于有形损耗和无形损耗而逐渐减少,并以折旧的形式分期转移到产品成本或费用中去。加强固定资产的核算和管理,对于保证固定资产的安全完整,提高企业的生产能力,推动技术进步,提高经济效益,有着重要的意义。本项目重点介绍固定资产增减变动及折旧的核算。

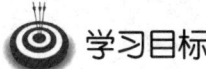 **学习目标**

知识目标

1. 了解固定资产的特点、确认条件和分类。
2. 掌握固定资产增加、处置和清查的核算。
3. 掌握在建工程的核算。
4. 理解固定资产折旧的概念、影响因素及计提折旧的范围。
5. 掌握计提固定资产折旧的方法及核算。
6. 理解固定资产后续支出的内容,掌握固定资产后续支出的核算。

能力目标

1. 能够理解和明确固定资产的概念、特征和分类。
2. 能够正确运用"固定资产""累计折旧""在建工程""固定资产清理"等会计科目。
3. 能够进行固定资产取得、处置、计提折旧和后续支出等业务的会计核算。

素质目标

1. 培养学生严谨细致的工作作风和精益求精的工匠精神。
2. 培养学生诚实守信、廉洁自律的职业道德。

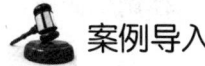 **案例导入**

2012年上半年,万福生科在建工程的账面余额从8 675万元增加至1.7亿元,增加了8 325万元。财务报表中的数据显示预付账款增加了2 632万元,应付账款增加379万元。经查,公司采取预付账款方式虚构在建工程,转出资金,然后虚构贸易合同,回笼资金,达到虚增收入和利润的目的。2013年3月2日,万福生科发布自查公告,承认2008至2011年累计虚增收入7.4亿元左右,虚增营业利润1.8亿元左右,虚增净利润1.6亿元左右。

(摘自:豆丁网《万福生科财务造假案例分析》)

案例中,万福生科是如何实现虚构在建工程的？你从中得到什么启示？

知识导航

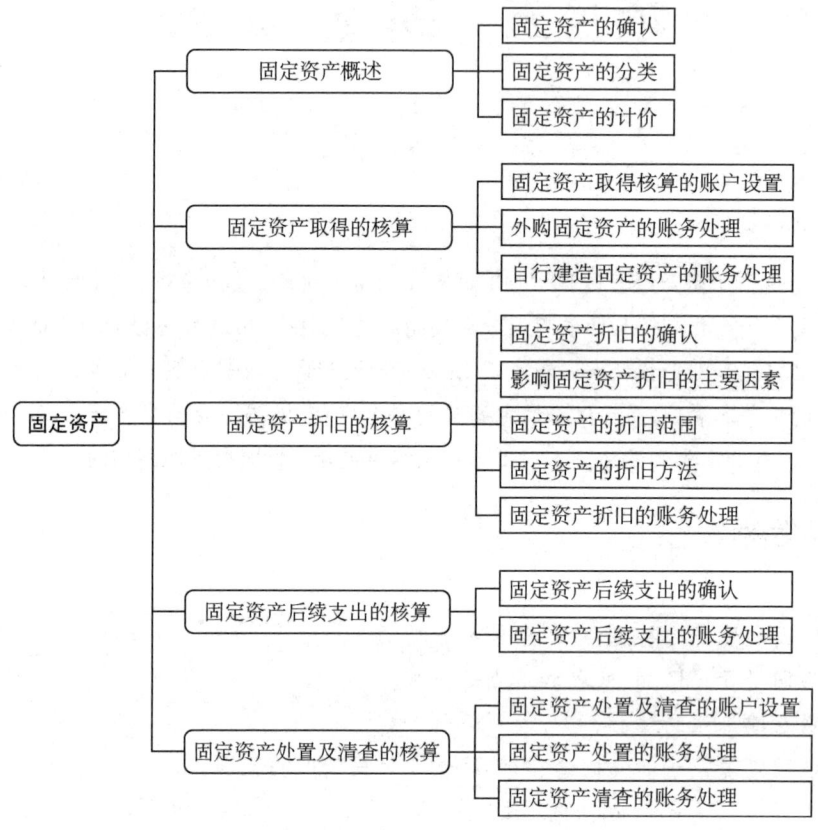

任务一　固定资产概述

知识课堂

一、固定资产的确认

固定资产是指企业为生产商品、提供服务、出租或经营管理而持有的,且使用寿命超过一个会计年度的有形资产。它包括房屋、建筑物、机器设备、器具和工具等。固定资产必须同时具备以下两个特征：

(1) 企业持有固定资产,是为了满足生产商品、提供服务、出租或经营管理的需要,而不是直接用于出售。

(2) 企业使用固定资产的寿命超过一个会计年度。这一特征表明企业固定资产属于非流动资产,其给企业带来的收益超过 1 年,能在 1 年以上的时间里为企业创造经济利益。

二、固定资产的分类

根据管理要求、核算要求以及不同的分类标准,固定资产主要有以下几种分类方法。

(一) 按经济用途分类

固定资产按经济用途分类,可以分为两类:

(1) 生产经营用固定资产。生产经营用固定资产是指直接服务于企业生产经营活动过程的各种固定资产,如生产经营用房屋、建筑物、机器、设备、器具和工具等。

(2) 非生产经营用固定资产。非生产经营用固定资产是指不直接服务于企业生产经营活动过程的各种固定资产,如用于企业职工宿舍、食堂和浴室等的房屋、设备和其他固定资产等。

(二) 综合分类

固定资产按经济用途和使用情况进行综合分类,可以分为以下七大类:

(1) 生产经营用固定资产。

(2) 非生产经营用固定资产。

(3) 租出固定资产。租出固定资产是指企业在经营租赁方式下出租给外单位使用的固定资产。

(4) 不需用固定资产。

(5) 未使用固定资产。

(6) 土地。土地是指过去已经估价单独入账的土地。因征地而支付的补偿费,应计入与土地有关的分房屋、建筑物的价值,不单独作为土地价值入账。企业取得的土地使用权,应作为无形资产管理和核算,不作为固定资产管理和核算。

(7) 租入固定资产。租入固定资产是指企业除短期租赁和低价值资产租赁租入的固定资产外,该资产在租赁期内应作为使用权资产进行管理和核算。

三、固定资产的计价

为了正确反映固定资产价值的增减变动,应按一定的标准对其进行计价。固定资产的计价标准一般有以下四种。

(一) 原始价值

原始价值简称原价或原值,是指取得的固定资产在达到预定可使用状态前发生的全部合理、必要支出的货币表现。

(二) 重置价值

重置价值是指企业在当前条件下,重新购置同样的固定资产所需的全部合理、必要支出的货币表现。重置价值与原始价值的构成内容相同。

(三) 折余价值

折余价值又称账面净值,是指固定资产原始价值或重置价值减去已提折旧后的净额。它能反映固定资产的实际价值和新旧程度。

折余价值是指净值,而不是净残值,也不是固定资产的账面价值。

固定资产账面净值、账面价值和净残值的计算公式：

固定资产账面净值＝固定资产原始价值－累计折旧

固定资产账面价值＝固定资产原始价值－累计折旧－固定资产减值准备

固定资产净残值＝固定资产原始价值×固定资产净残值率

（四）现值

现值是指固定资产在使用期间及处置时产生的未来净现金流量的折现值。例如，融资租赁租入固定资产按现值计价。

任务二 固定资产取得的核算

企业取得固定资产的方式包括外购、自行建造、投资者投入、接受捐赠、融资租入、盘盈和债务重组等。

一、固定资产取得核算的账户设置

（一）"固定资产"账户

"固定资产"账户属于资产类账户，用于核算企业固定资产的原值，反映固定资产因实物的增减变动而引起的原值变动。其账户结构如图5-1所示。

借方	固定资产	贷方
本期增加额：增加的固定资产原值	本期减少额：减少的固定资产原值	
期末余额：期末实有固定资产原值		

图5-1 "固定资产"账户结构

企业一般按固定资产类别和使用部门设置明细账进行明细分类核算。

（二）"在建工程"账户

"在建工程"账户属于资产类账户，用于核算企业基建、更新改造等在建工程发生的支出。其账户结构如图5-2所示。

借方	在建工程	贷方
本期增加额：各项在建工程实际支出	本期减少额：完工工程转出成本	
期末余额：尚未达到预计使用状态的在建工程成本		

图5-2 "在建工程"账户结构

（三）"累计折旧"账户

"累计折旧"账户属于"固定资产"的调整账户，用于核算企业固定资产的累计折旧。其账户结构如图5-3所示。

借方	累计折旧	贷方
本期减少额：转出的固定资产折旧	本期增加额：计提的固定资产折旧	
	期末余额：期末固定资产累计折旧	

图 5-3 "累计折旧"账户结构

（四）"工程物资"账户

"工程物资"账户属于资产类账户，用于核算企业为在建工程而准备的各种物资的实际成本。其账户结构如图5-4所示。

借方	工程物资	贷方
本期增加额：购入的工程物资成本	本期减少额：领用工程物资成本	
期末余额：期末库存工程物资成本		

图 5-4 "工程物资"账户结构

二、外购固定资产的账务处理

企业外购的固定资产，应按实际支付的购买价款、相关税费，使固定资产达到预定可使用状态前所发生的可归属于该项资产的运输费、装卸费、安装费和专业人员服务费等，作为固定资产的取得成本。其中，相关税费不包括按照现行增值税制度规定，允许从增值税销项税额中抵扣的进项税额。

（一）企业购入不需要安装的固定资产

企业作为一般纳税人，购入不需要安装的固定资产，可以在直接交付时，按购入时实际发生的成本，借记"固定资产"账户，取得增值税专用发票、海关完税证明或公路发票等增值税扣税凭证，并经税务机关认证可抵扣的，应按增值税专用发票上注明的增值税额，借记"应交税费——应交增值税（进项税额）"账户，贷记"银行存款""应付账款"等账户。

【例5-1】 20×2年12月8日，华信公司购入1台小轿车，取得的增值税专用发票上注明的价款为180 000元，税率13%，增值税额23 400元；取得增值税专用发票上注明的财产保险费为4 200元，税率6%，增值税额252元；取得的完税证明上注明车辆购置税额18 000元。全部价款已用银行存款支付。公司编制如下会计分录：

```
借：固定资产                                    202 200
    应交税费——应交增值税（进项税额）              23 652
    贷：银行存款                                          225 852
```

知识拓展

企业作为小规模纳税人，购入固定资产发生的增值税进项税额应计入固定资产成本，借记"固定资产"或"在建工程"账户，不通过"应交税费——应交增值税"账户核算。

(二) 企业购入需要安装的固定资产

企业作为一般纳税人,购入需要安装的固定资产时,应在购入的固定资产取得成本的基础上加上安装调试成本作为入账成本。

按购入需安装的固定资产的取得成本,借记"在建工程"账户,按购入固定资产时可抵扣的增值税进项税额,借记"应交税费——应交增值税(进项税额)"账户;按照发生的安装调试成本,借记"在建工程"账户,按取得的外部单位提供的增值税专用发票上注明的增值税进项税额,借记"应交税费——应交增值税(进项税额)"账户;贷记"银行存款""应付账款"等账户;耗用了本单位的材料或人工的,按应承担的成本金额,借记"在建工程"账户,贷记"原材料""应付职工薪酬"等账户。安装完成达到预定可使用状态时,由"在建工程"账户转入"固定资产"账户,借记"固定资产"账户,贷记"在建工程"账户。

【例5-2】 20×2年11月25日,华信公司用银行存款购入1台需要安装的设备,取得的增值税专用发票上注明的价款为200 000元,税率13%,增值税额26 000元。该设备由甲安装公司负责安装,11月30日,华信公司用银行存款支付安装费并取得增值税专用发票,注明安装费为30 000元,税率9%,增值税额2 700元。12月1日,该设备安装调试完毕达到预定可使用状态交付使用。公司编制如下会计分录:

(1) 11月25日,购入进行安装时:

借:在建工程　　　　　　　　　　　　　　　　　　　　　　200 000
　　应交税费——应交增值税(进项税额)　　　　　　　　　 26 000
　　贷:银行存款　　　　　　　　　　　　　　　　　　　　 226 000

(2) 11月30日,支付安装费时:

借:在建工程　　　　　　　　　　　　　　　　　　　　　　 30 000
　　应交税费——应交增值税(进项税额)　　　　　　　　　　2 700
　　贷:银行存款　　　　　　　　　　　　　　　　　　　　　32 700

(3) 12月1日,设备达到预定可使用状态交付使用时:

借:固定资产　　　　　　　　　　　　　　　　　　　　　　230 000
　　贷:在建工程　　　　　　　　　　　　　　　　　　　　 230 000

知识拓展

企业以一笔款项购入多项没有单独标价的固定资产,应将各项资产单独确认为固定资产,并按各项固定资产公允价值的比例对总成本进行分配,分别确定各项固定资产的成本。

考一考

甲公司和乙公司为增值税一般纳税人。20×2年6月1日,甲公司为降低采购成本,向乙公司一次购进了3套不同型号且有不同生产能力的设备X、设备Y和设备Z,取得增值税专用发票上注明的价款880 000元,增值税额114 400元,另支付包装费20 000元和增值税额1 200元,全部款项以银行存款支付。设备X在安装过程中领用原材料账面成本为20 000元,应分担工程人员薪酬30 000元。设备X、设备Y和设备Z公允价值分别为300 000元、250 000元和450 000元。不考虑其他因素,甲公司购入设备X的入账价值为( )元。

A. 324 590　　　　B. 320 000　　　　C. 327 990　　　　D. 350 000

三、自行建造固定资产的账务处理

企业自行建造固定资产,应当按照建造该项资产达到预定可使用状态前发生的必要支出,作为固定资产的成本。

企业自行建造固定资产,应先通过"在建工程"账户核算,工程达到预定可使用状态时,再从"在建工程"账户转入"固定资产"账户。企业自行建造固定资产,主要有自营和出包两种方式,由于采用的建设方式不同,其会计处理也不同。

(一)自营工程

自营工程是指企业自行组织工程物资采购、自行组织施工人员施工的建筑工程和安装工程。

购入工程物资时,按已认证的增值税专用发票上注明的买价和应计入工程物资成本的包装费和运输费等,借记"工程物资"账户;按增值税专用发票上注明的增值税进项税额,借记"应交税费——应交增值税(进项税额)"账户,按实际支付或应付的金额,贷记"银行存款""应付账款"等账户。领用工程物资时,借记"在建工程"账户,贷记"工程物资"账户。自营工程领用本企业原材料时,借记"在建工程"账户,贷记"原材料"账户。自营工程领用本企业生产的商品时,借记"在建工程"账户,贷记"库存商品"账户。自营工程发生的应分配工程人员薪酬及其他费用时,借记"在建工程"账户,贷记"银行存款""应付职工薪酬"等账户。自营工程达到预定可使用状态时,按其实际成本,借记"固定资产"账户,贷记"在建工程"账户。

【例5-3】 华信公司20×2年2月开始自行建造生产车间一幢。建造期间用银行存款购入建造工程用的各种物资800 000元,增值税专用发票上注明的增值税额为104 000元,全部用于工程建设。领用本公司生产的M产品一批,实际成本为380 000元,应负担工程人员薪酬160 000元。支付的安装费取得增值税专用发票上注明的安装费90 000元,税率9%,增值税额8 100元。支付的其他费用50 000元。20×2年7月,工程完工并达到预定可使用状态。公司编制如下会计分录:

(1)购入工程物资时:

借:工程物资	800 000
应交税费——应交增值税(进项税额)	104 000
贷:银行存款	904 000

(2)工程领用全部工程物资时:

借:在建工程	800 000
贷:工程物资	800 000

(3) 工程领用本企业生产的产品时：

借：在建工程　　　　　　　　　　　　　　　　　　　　　　　380 000
　　贷：库存商品　　　　　　　　　　　　　　　　　　　　　　380 000

(4) 分配工程人员薪酬时：

借：在建工程　　　　　　　　　　　　　　　　　　　　　　　160 000
　　贷：应付职工薪酬　　　　　　　　　　　　　　　　　　　　160 000

(5) 支付工程安装费时：

借：在建工程　　　　　　　　　　　　　　　　　　　　　　　 90 000
　　应交税费——应交增值税(进项税额)　　　　　　　　　　　 8 100
　　贷：银行存款　　　　　　　　　　　　　　　　　　　　　　 98 100

(6) 支付工程发生的其他费用时：

借：在建工程　　　　　　　　　　　　　　　　　　　　　　　 50 000
　　贷：银行存款　　　　　　　　　　　　　　　　　　　　　　 50 000

(7) 工程完工将"在建工程"账户的借方余额转入固定资产成本时：

借：固定资产　　　　　　　　　　　　　　　　　　　　　　 1 480 000
　　贷：在建工程　　　　　　　　　　　　　　　　　　　　　1 480 000

(二) 出包工程

出包工程是指企业通过招标方式将工程项目发包给建造承包商，由建造承包商组织施工的建筑工程和安装工程。企业采用出包方式进行的固定资产工程，其工程的具体支出主要由建造承包商核算。在这种方式下，"在建工程"账户主要反映企业与建造承包商办理工程价款结算的情况，企业支付给建造承包商的工程价款作为工程成本，通过"在建工程"账户核算。

【例 5-4】 20×2年4月，华信公司将一幢厂房的建造工程出包给宏大建筑公司承建，按合理估计的发包工程进度和合同规定向宏大公司结算进度款并取得宏大公司开具的增值税专用发票，注明工程款1 400 000元，税率9%，增值税额126 000元。20×2年12月，工程完工后，收到宏大公司有关工程结算单据和增值税专用发票，补付工程款并取得宏大公司开具的增值税专用发票，注明工程款600 000元，税率9%，增值税额54 000元。工程完工并达到预定可使用状态。公司编制如下会计分录：

(1) 按合理估计的发包工程进度和合同规定向宏大公司结算进度款时：

借：在建工程　　　　　　　　　　　　　　　　　　　　　　1 400 000
　　应交税费——应交增值税(进项税额)　　　　　　　　　　 126 000
　　贷：银行存款　　　　　　　　　　　　　　　　　　　　　1 526 000

(2) 补付工程款时：

借：在建工程　　　　　　　　　　　　　　　　　　　　　　　600 000
　　应交税费——应交增值税(进项税额)　　　　　　　　　　　 54 000
　　贷：银行存款　　　　　　　　　　　　　　　　　　　　　　654 000

（3）工程完工并达到预定可使用状态时：

借：固定资产　　　　　　　　　　　　　　　　　　　　　　　2 000 000
　　贷：在建工程　　　　　　　　　　　　　　　　　　　　　　　2 000 000

任务三　固定资产折旧的核算

知识课堂

一、固定资产折旧的确认

固定资产折旧简称折旧，是指固定资产由于损耗而减少的价值。固定资产与存货不同，它的价值不是一次转移到成本或费用中的，而是在固定资产的使用寿命内，按照确定的方法对应计折旧额进行系统分摊的。固定资产应计折旧额是指固定资产原价扣除其预计净残值后的净额，已计提减值准备的固定资产，还应当扣除固定资产减值准备累计金额。

二、影响固定资产折旧的主要因素

影响固定资产折旧的主要因素包括：
（1）固定资产原价。固定资产原价即固定资产的成本。
（2）预计净残值。预计净残值是指假定固定资产预计使用寿命已满并处于使用寿命终了时的预期状态，企业目前从该项资产处置中获得的扣除预计处置费用后的金额。
（3）固定资产减值准备。固定资产减值准备是指固定资产已计提的固定资产减值准备累计金额。
（4）固定资产使用寿命。固定资产使用寿命是指企业使用固定资产的预计期间，或者该固定资产所能生产产品或提供服务的数量。

知识拓展

企业确定固定资产使用寿命时，应当考虑下列因素：
（1）资产预计生产能力或实物产量。
（2）资产预计有形损耗，如设备使用中发生磨损、房屋建筑物受到自然侵蚀等。
（3）资产预计无形损耗，如因新技术的出现而使现有的资产技术水平相对陈旧、市场需求变化使产品过时等。
（4）法律或者类似规定对该项资产使用的限制。

三、固定资产的折旧范围

（一）固定资产折旧的空间范围

以下情况外，企业应当对所有固定资产计提折旧：

(1) 已提足折旧仍继续使用的固定资产。
(2) 单独计价入账的土地。

(二) 固定资产折旧的时间范围

(1) 当月增加的固定资产,当月不计提折旧,从下月起计提折旧。
(2) 当月减少的固定资产,当月仍计提折旧,从下月起不计提折旧。
(3) 固定资产提足折旧后,不论能否继续使用,均不再计提折旧;提前报废的固定资产,也不再补提折旧。

四、固定资产的折旧方法

企业应当根据与固定资产有关的经济利益的预期消耗方式,合理选择固定资产折旧方法。可选用的固定资产折旧方法包括年限平均法(又称直线法)、工作量法、双倍余额递减法和年数总和法等。

(一) 年限平均法

年限平均法又称直线法,是指按照固定资产的预计使用年限将固定资产的应计折旧额均衡地分摊到固定资产预计使用寿命的一种方法。其特点是每期计算的折旧额是相等的。折旧率和折旧额的计算公式如下:

$$年折旧率 = (1 - 预计净残值率) \div 预计使用寿命(年) \times 100\%$$

$$月折旧率 = 年折旧率 \div 12$$

$$月折旧额 = 固定资产原价 \times 月折旧率$$

其中:

$$预计净残值 = 预计残值 - 预计清理费$$

$$预计净残值率 = 预计净残值 \div 固定资产原价 \times 100\%$$

【例 5-5】 承[例 5-3],20×2 年 7 月,华信公司完工自行建造生产车间一幢,原价为 1 480 000 元,预计可使用 20 年,预计报废时的净残值率为 4%。该生产车间的折旧率和折旧额的计算如下:

$$年折旧率 = (1 - 4\%) \div 20 \times 100\% = 4.8\%$$

$$月折旧率 = 4.8\% \div 12 = 0.4\%$$

$$月折旧额 = 1\,480\,000 \times 0.4\% = 5\,920(元)$$

(二) 工作量法

工作量法是指根据实际工作量计算固定资产每期应计提折旧额的一种方法。这种方法弥补了平均年限法只注重使用时间,不考虑使用强度的缺点。其计算公式如下:

$$单位工作量折旧额 = [固定资产原价 \times (1 - 预计净残值率)] \div 预计总工作量$$

$$某项固定资产月折旧额 = 该项固定资产当月工作量 \times 单位工作量折旧额$$

【例 5-6】 承[例 5-1],20×2 年 12 月 8 日,华信公司购入一辆小轿车,原价 202 200 元,预计总行驶里程为 600 000 千米,预计净残值率为 5%,本月行驶 8 000 千米。该辆小轿车的月折旧额计算如下:

单位里程折旧额＝202 200×(1－5％)÷600 000＝0.320 15(元/千米)
本月折旧额＝8 000×0.320 15＝2 561.20(元)

(三) 双倍余额递减法

双倍余额递减法是指在不考虑固定资产预计净残值的情况下,根据每期期初固定资产原价减去累计折旧后的余额和双倍的直线法折旧率计算固定资产折旧的一种方法。折旧率和折旧额的计算公式如下:

$$年折旧率＝2÷预计使用寿命(年)×100\%$$
$$月折旧率＝年折旧率÷12$$
$$年折旧额＝每个折旧年度年初固定资产账面净值×年折旧率$$
$$月折旧额＝年折旧额÷12$$

采用双倍余额递减法计提固定资产折旧时,一般应在固定资产使用寿命到期前2年内,将固定资产账面净值扣除预计净残值后的余额平均摊销。

> 折旧年度是指"以固定资产开始计提折旧的月份为始计算的1个年度期间",如某公司某年3月取得某项固定资产,其折旧年度为"从当年4月至第二年3月的期间"。

【例5-7】 20×2年6月,华信公司取得一项固定资产,原价200 000元,预计使用年限5年,预计净残值5 000元。按双倍余额递减法计提折旧,每年的折旧额,如表5-1所示。

表5-1　　　　　　　　　　固定资产折旧计算表
（双倍余额递减法）　　　　　　　　　　　金额单位:元

年数	年初账面净值	倒数第二年年初账面净值减预计净残值	年折旧率	年摊销率	年折旧额	累计折旧	年末账面净值
1	200 000	—	40％		80 000	80 000	120 000
2	120 000	—	40％		48 000	128 000	72 000
3	72 000	—	40％		28 800	156 800	43 200
4	43 200	38 200		50％	19 100	175 900	24 100
5	24 100	38 200		50％	19 100	195 000	5 000

(四) 年数总和法

年数总和法是指将固定资产的原价减去预计净残值后的余额,乘以一个逐年递减的分数计算每年折旧额的一种方法。其中,这个分数的分子为固定资产尚可使用寿命,分母为固定资产预计使用寿命逐年数字总和。折旧率和折旧额的计算公式如下:

$$年折旧率＝尚可使用年限÷预计使用寿命的年数总和×100\%$$
$$年折旧额＝(固定资产原价－预计净残值)×年折旧率$$

其中:

尚可使用年限＝预计使用寿命－已使用年限

预计使用寿命的年数总和＝预计使用寿命×(预计使用寿命＋1)÷2

【例5-8】 承[例5-7]，华信公司按年数总和法计提折旧，每年的折旧额，如表5-2所示。

表 5-2　　　　　　　　　固定资产折旧计算表

(年数总和法)　　　　　　　　　　　　　金额单位：元

年数	尚可使用年限	原价－预计净残值	变动折旧率	年折旧额	累计折旧
1	5	195 000	5/15	65 000	65 000
2	4	195 000	4/15	52 000	117 000
3	3	195 000	3/15	39 000	156 000
4	2	195 000	2/15	26 000	182 000
5	1	195 000	1/15	13 000	195 000

五、固定资产折旧的账务处理

企业应当按月计提固定资产折旧，根据固定资产的用途和受益对象性质计入相关资产的成本或者当期损益。

企业计提固定资产折旧时，借记"在建工程""制造费用""管理费用""销售费用""其他业务成本"等账户，贷记"累计折旧"账户。

【例5-9】 20×2年6月30日，华信公司应分配的固定资产折旧额为：生产车间180 000元，管理部门60 000元，销售部门6 000元，经营租出部门4 000元。公司编制如下会计分录：

借：制造费用　　　　　　　　　　　　　　　　　　　　　　　180 000
　　管理费用　　　　　　　　　　　　　　　　　　　　　　　 60 000
　　销售费用　　　　　　　　　　　　　　　　　　　　　　　 6 000
　　其他业务成本　　　　　　　　　　　　　　　　　　　　　 4 000
　　贷：累计折旧　　　　　　　　　　　　　　　　　　　　　250 000

任务四　固定资产后续支出的核算

知识课堂

一、固定资产后续支出的确认

固定资产后续支出是指固定资产在使用过程中发生的更新改造支出和修理费用等。固定资产后续支出可以分为资本化后续支出和费用化后续支出两大类。

二、固定资产后续支出的账务处理

(一)资本化后续支出的账务处理

固定资产的更新改造等后续支出,满足固定资产确认条件的,称为资本化后续支出,应当计入固定资产成本,如有被替换的部分,应同时将被替换部分的账面价值从该固定资产原账面价值中扣除。

固定资产发生属于资本化后续支出时,应当通过"在建工程"账户核算。

【例 5-10】 20×2 年 3 月 10 日,华信公司对一条旧流水线进行更新改造。经查,该流水线系 4 年前的 5 月 15 日购入,原价 360 000 元,增值税额 46 800 元,该设备采用年限平均法计提折旧,使用寿命为 15 年,不考虑预计净残值。3 月 10 日,购买工程物资一批,取得增值税专用发票,注明价款 100 000 元,增值税额 13 000 元,款项未支付。4 月 1 日,领用上月购进的全部工程物资,并更换主要部件,被更换的部件的原价 90 000 元。5 月 31 日,以银行存款支付安装费,并取得增值税专用发票,注明安装费 9 000 元,增值税额 810 元。6 月,该台流水线达到预定可使用状态。公司编制会计分录如下:

(1) 3 月 10 日,对该流水线进行更新改造,将固定资产转入在建工程时:

借:在建工程　　　　　　　　　　　　　　　　　　　　　268 000
　　累计折旧　　　　　　　　　　　　　　　　　　　　　　92 000
　　贷:固定资产　　　　　　　　　　　　　　　　　　　　　　360 000

(2) 3 月 10 日,购买工程物资时:

借:工程物资　　　　　　　　　　　　　　　　　　　　　100 000
　　应交税费——应交增值税(进项税额)　　　　　　　　　13 000
　　贷:应付账款　　　　　　　　　　　　　　　　　　　　　　113 000

(3) 4 月 1 日,领用工程物资时:

借:在建工程　　　　　　　　　　　　　　　　　　　　　100 000
　　贷:工程物资　　　　　　　　　　　　　　　　　　　　　　100 000

(4) 4 月 1 日,更换主要部件时:

借:营业外支出——非流动资产处置损失　　　　　　　　　67 000
　　贷:在建工程　　　　　　　　　　　　　　　　　　　　　　67 000

(5) 5 月 31 日,支付安装费时:

借:在建工程　　　　　　　　　　　　　　　　　　　　　　9 000
　　应交税费——应交增值税(进项税额)　　　　　　　　　　　810
　　贷:银行存款　　　　　　　　　　　　　　　　　　　　　　 9 810

(6) 6 月更新改造流水线达到预定可使用状态时:

借:固定资产　　　　　　　　　　　　　　　　　　　　　310 000
　　贷:在建工程　　　　　　　　　　　　　　　　　　　　　　310 000

(二)费用化后续支出的账务处理

固定资产日常修理后续支出,不满足固定资产确认条件的,称为费用化后续支出,应当在发生时计入当期损益。

【例 5-11】 20×2 年 6 月 30 日,华信公司自行对管理部门使用的设备进行日常修理,发生修理费并取得增值税专用发票,注明修理费 5 000 元,税率 13%,增值税额 650 元。公司编制如下会计分录:

```
借:管理费用                                          5 000
   应交税费——应交增值税(进项税额)                      650
  贷:银行存款                                         5 650
```

任务五　固定资产处置及清查的核算

知识课堂

固定资产处置包括指出售、报废、毁损、对外投资、非货币性资产交易、债务重组等活动。企业应当定期或者至少于每年年末对固定资产进行清查盘点,以保证固定资产核算的真实性,充分挖掘企业现有固定资产的潜力。

一、固定资产处置及清查的账户设置

(一)"固定资产清理"账户

"固定资产清理"账户属于资产类账户,用于核算企业转入清理的固定资产价值以及在清理过程中发生的清理费用和清理收益。其账户结构如图 5-5 所示。

借方	固定资产清理	贷方
① 转出固定资产的账面价值 ② 清理过程中支付的相关税费及其他费用 ③ 转出固定资产清理净收益		① 出售固定资产取得的价款 ② 报废、毁损固定资产的残料价值和变价收入 ③ 转出固定资产清理净损失
期末余额:尚未清理完毕的固定资产清理净损失		期末余额:尚未清理完毕的固定资产清理净收益

图 5-5　"固定资产清理"账户结构

企业一般按被清理的固定资产项目设置明细账进行明细分类核算。

(二)"资产处置损益"账户

"资产处置损益"账户属于损益类账户,用于核算企业固定资产、无形资产、在建工程等因出售、转让等产生的处置利得或损失。其账户结构如图 5-6 所示。

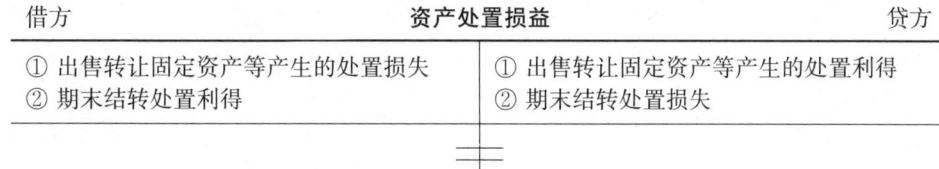

图 5-6 "资产处置损益"账户结构

二、固定资产处置的账务处理

企业处置固定资产通常包括以下环节。

(一)固定资产转入清理

企业因出售、报废和毁损等转出的固定资产,按该项固定资产的账面价值,借记"固定资产清理"账户,按已计提的累计折旧,借记"累计折旧"账户,按已计提的减值准备,借记"固定资产减值准备"账户,按其账面原价,贷记"固定资产"账户。

(二)结算清理费用等

固定资产清理过程中,支付的清理费用及其可抵扣的增值税进项税额,借记"固定资产清理""应交税费——应交增值税(进项税额)"账户,贷记"银行存款"等账户。

(三)收回出售固定资产的价款和税款、残料价值等

收回出售固定资产的价款和税款,借记"银行存款"账户,按增值税专用发票上注明的价款,贷记"固定资产清理"账户,按增值税专用发票上注明的增值税销项税额,贷记"应交税费——应交增值税(销项税额)"账户。残料入库,按残料价值,借记"原材料"等账户,贷记"固定资产清理"账户。

(四)确认应收责任单位(或个人)赔偿损失

应由保险公司或过失人赔偿的损失,借记"其他应收款"等账户,贷记"固定资产清理"账户。

(五)结转清理净损益

固定资产清理完成后,对清理净损益,应区分不同情况进行账务处理:

(1)因固定资产已丧失使用功能或因自然灾害发生毁损等原因而报废清理产生的处理净损失,属于生产经营期间正常报废清理产生的处理净损失,借记"营业外支出——非流动资产处置损失"账户,属于生产经营期间由于自然灾害等非正常原因造成的,借记"营业外支出——非常损失"账户,贷记"固定资产清理"账户;如为净收益,借记"固定资产清理"账户,贷记"营业外收入——非流动资产处置利得"账户。

(2)因出售、转让等原因产生的固定资产处置利得或损失,应计入资产处置收益。确认处置净损失,借记"资产处置损益"账户,贷记"固定资产清理"科目;如为净收益,借记"固定资产清理"账户,贷记"资产处置损益"账户。

【例 5-12】 20×2 年 6 月 30 日,华信公司出售一辆汽车,原价为 200 000 元,已计提折旧 150 000 元,未计提减值准备。收到出售价款 20 000 元,增值税税率 9%,增值税额 1 800 元,款项已存入银行。不考虑其他相关因素。公司编制如下会计分录:

(1) 将出售固定资产转入清理时：

借：固定资产清理　　　　　　　　　　　　　　　　　　　　　　　　　50 000
　　累计折旧　　　　　　　　　　　　　　　　　　　　　　　　　　　150 000
　　贷：固定资产　　　　　　　　　　　　　　　　　　　　　　　　　　200 000

(2) 收到出售固定资产的价款和税款时：

借：银行存款　　　　　　　　　　　　　　　　　　　　　　　　　　　 21 800
　　贷：固定资产清理　　　　　　　　　　　　　　　　　　　　　　　　 20 000
　　　　应交税费——应交增值税(销项税额)　　　　　　　　　　　　　　 1 800

(3) 结转出售固定资产的处置损失时：

借：资产处置损益　　　　　　　　　　　　　　　　　　　　　　　　　 30 000
　　贷：固定资产清理　　　　　　　　　　　　　　　　　　　　　　　　 30 000

【例5-13】 20×2年12月31日，华信公司的一台设备使用期满决定报废，设备原价300 000元，预计净残值率3%，采用年限平均法计提折旧，未计提减值准备。取得报废残值变价收入100 000元，增值税额26 000元。报废清理过程中发生自行清理费用5 000元。有关收入、支出均通过银行办理结算。不考虑其他相关因素。公司编制如下会计分录：

(1) 将报废固定资产转入清理时：

借：固定资产清理　　　　　　　　　　　　　　　　　　　　　　　　　 9 000
　　累计折旧　　　　　　　　　　　　　　　　　　　　　　　　　　　291 000
　　贷：固定资产　　　　　　　　　　　　　　　　　　　　　　　　　　300 000

(2) 收回残料变价收入时：

借：银行存款　　　　　　　　　　　　　　　　　　　　　　　　　　　126 000
　　贷：固定资产清理　　　　　　　　　　　　　　　　　　　　　　　　100 000
　　　　应交税费——应交增值税(销项税额)　　　　　　　　　　　　　　26 000

(3) 支付清理费用时：

借：固定资产清理　　　　　　　　　　　　　　　　　　　　　　　　　 5 000
　　贷：银行存款　　　　　　　　　　　　　　　　　　　　　　　　　　 5 000

(4) 结转报废固定资产发生的净收益时：

借：固定资产清理　　　　　　　　　　　　　　　　　　　　　　　　　 5 000
　　贷：营业外收入——非流动资产处置利得　　　　　　　　　　　　　　 5 000

【例5-14】 20×2年2月20日，华信公司因火灾毁损一座仓库，该仓库原价800 000元，已计提折旧300 000元，未计提减值准备。其残料估计价值50 000元，残料已办理入库。发生清理费用并取得增值税专用发票，注明的装卸费20 000元，增值税额1 200元，全部款项以银行存款支付。收到保险公司理赔款250 000元存入银行。假定不考虑其他相关税费。公司编制如下会计分录：

(1) 将毁损的仓库转入清理时：

借：固定资产清理　　　　　　　　　　　　　　　　　　　　　　　500 000
　　累计折旧　　　　　　　　　　　　　　　　　　　　　　　　　300 000
　　　贷：固定资产　　　　　　　　　　　　　　　　　　　　　　　　　800 000

(2) 残料入库时：

借：原材料　　　　　　　　　　　　　　　　　　　　　　　　　　50 000
　　　贷：固定资产清理　　　　　　　　　　　　　　　　　　　　　　　50 000

(3) 支付清理费用时：

借：固定资产清理　　　　　　　　　　　　　　　　　　　　　　　20 000
　　应交税费——应交增值税(进项税额)　　　　　　　　　　　　　1 200
　　　贷：银行存款　　　　　　　　　　　　　　　　　　　　　　　　　21 200

(4) 确认并收到保险公司理赔款项时：

借：其他应收款　　　　　　　　　　　　　　　　　　　　　　　　250 000
　　　贷：固定资产清理　　　　　　　　　　　　　　　　　　　　　　　250 000

借：银行存款　　　　　　　　　　　　　　　　　　　　　　　　　250 000
　　　贷：其他应收款　　　　　　　　　　　　　　　　　　　　　　　　250 000

(5) 结转毁损固定资产损失时：

借：营业外支出——非常损失　　　　　　　　　　　　　　　　　220 000
　　　贷：固定资产清理　　　　　　　　　　　　　　　　　　　　　　　220 000

三、固定资产清查的账务处理

(一) 固定资产盘盈

企业盘盈的固定资产,应按重置成本确定其入账价值,作为重要的前期差错进行会计处理,并通过"以前年度损益调整"账户核算。

【例 5-15】 20×2 年 12 月 31 日,华信公司在财产清查过程中发现一台设备尚未入账,重置成本 80 000 元。公司适用的所得税税率为 25%,按净利润的 10% 提取法定盈余公积,不考虑相关税费及其他因素的影响。公司编制如下会计分录：

(1) 盘盈固定资产时：

借：固定资产　　　　　　　　　　　　　　　　　　　　　　　　　80 000
　　　贷：以前年度损益调整　　　　　　　　　　　　　　　　　　　　　80 000

(2) 补提所得税时：

借：以前年度损益调整　　　　　　　　　　　　　　　　　　　　　20 000
　　　贷：应交税费——应交所得税　　　　　　　　　　　　　　　　　　20 000

(3) 补提法定盈余公积时：

借：以前年度损益调整　　　　　　　　　　　　　　　　　　　　　6 000
　　　贷：盈余公积——法定盈余公积　　　　　　　　　　　　　　　　　6 000

(4) 结转以前年度损益调整时：

借：以前年度损益调整　　　　　　　　　　　　　　　　　　　　　54 000
　　贷：利润分配——未分配利润　　　　　　　　　　　　　　　　　　54 000

（二）固定资产盘亏

企业在财产清查中盘亏的固定资产通过"待处理财产损溢"账户核算。

【例 5-15】 20×2 年 12 月 31 日，华信公司在财产清查过程中，发现短缺一台笔记本电脑，原价 15 000 元，已计提折旧 10 500 元，购入时增值税额 1 950 元。公司编制如下会计分录：

(1) 盘亏固定资产时：

借：待处理财产损溢　　　　　　　　　　　　　　　　　　　　　　4 500
　　累计折旧　　　　　　　　　　　　　　　　　　　　　　　　　10 500
　　贷：固定资产　　　　　　　　　　　　　　　　　　　　　　　　15 000

(2) 转出不可抵扣的选项税额时：

借：待处理财产损溢　　　　　　　　　　　　　　　　　　　　　　　585
　　贷：应交税费——应交增值税（进项税额转出）　　　　　　　　　　585

(3) 报经批准转销时：

借：营业外支出——盘亏损失　　　　　　　　　　　　　　　　　　5 085
　　贷：待处理财产损溢　　　　　　　　　　　　　　　　　　　　　5 085

知识拓展

根据现行增值税制度的规定，购进货物及不动产发生非正常损失，其负担的进项税额不得抵扣，其中，购进货物包括被确认为固定资产的货物。但是，如果盘亏的是固定资产，应按其账面净值（即固定资产原价－累计折旧）乘以适用税率计算不可以抵扣的进项税额。

同步训练

1. 志德公司为增值税一般纳税人，20×2 年自营建造一幢办公楼，发生相关经济业务如下：

(1) 5 月 1 日，为建设办公楼购入钢材一批，取得增值税专用发票，金额 400 000 元，增值税额 52 000 元，款项以银行存款支付。

(2) 5 月 5 日，办公楼工程领用上述全部钢材。

(3) 6 月 10 日，办公楼工程领用外购生产用材料一批，该批材料购进时取得的增值税专用发票上注明的金额为 100 000 元，增值税额 13 000 元，增值税额已抵扣。

(4) 12 月 1 日，以银行存款支付其他工程费用 82 000 元。

(5) 5～12 月累计计提工程人员工资 450 000 元。

(6) 12月31日,该办公楼完工达到预定可使用状态,预计使用寿命20年,预计净残值为20 000元,采用直线法计提折旧。

要求:编制志德公司上述经济业务的会计分录。

2. 20×3年1月1日,嘉盛公司将20×0年12月投入使用的某生产设备进行改良。该生产设备的初始成本720 000元,预计净残值率5%,预计使用年限8年,采用平均年限法按月计提折旧。20×3年1月1日至12月31日为设备改良期。该公司发生相关经济业务如下:

(1) 20×1年1月至20×2年12月按月计提折旧。

(2) 20×3年1月1日,将生产设备转为改良工程。

(3) 改良过程中因拆除部分设备而发生变价收入120 000元存入银行。

(4) 改良过程中发生的改良支出:应付工程人员工资薪酬200 000元,以银行存款支付其他改良支出400 000元。

(5) 20×3年12月31日,改良工程完工,达到预定可使用状态。

要求:编制嘉盛公司上述经济业务的会计分录。

3. 宏兴公司为增值税一般纳税人,适用的增值税税率为13%。20×1年购置了一套需要安装的生产线,与该生产线有关的经济业务如下:

(1) 20×1年9月30日,为购建该生产线向建设银行专门借入资金1 000 000元,并存入银行。该借款期限2年,年利率9.6%,到期一次还本付息,不计复利。

(2) 20×1年9月30日,用上述借款购入待安装的生产线,增值税专用发票上注明买价800 000元,增值税额104 000元,另支付保险等其他杂费64 000元。该生产线交付本公司安装部门安装。

(3) 安装生产线时,领用生产材料一批。该批材料的实际成本160 000元。

(4) 应付安装工程人员工资146 000元,用银行存款支付其他安装费用58 800元。

(5) 20×1年12月31日,安装工程结束,并随即投入生产车间使用。该生产线预计使用5年,预计净残值率5%,采用双倍余额递减法计提折旧。

(6) 20×3年1月1日,因管理不善该生产线提前报废,发生清理费用20 000元,清理过程中取得残料变价收入565 000元(含税)。

要求:编制宏兴公司上述经济业务的会计分录。

项目六　无形资产和长期待摊费用

 项目描述

无形资产不具有实物形态,但它通过和其他资产相结合能在超过一个周期内为企业创造经济效益,具有综合能力。除了无形资产,长期待摊费用也是企业重要的资产。无形资产和长期待摊费用不同于其他有形资产,存在较大的不确定性。因此,其核算内容与其他资产也不同。本项目重点介绍无形资产和长期待摊费用的核算。

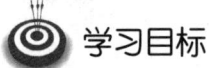 学习目标

知识目标
1. 理解无形资产的概念、特点和内容。
2. 掌握无形资产的取得、摊销和处置的核算。

能力目标
1. 能够对无形资产进行确认和计量。
2. 能够正确运用无形资产进行核算。
3. 能够对长期待摊费用进行正确摊销。

素质目标
培养学生创新精神和实践能力。

 案例导入

注册会计师王广审计D公司2021年报表时,了解到公司从年初开始研究开发一项新技术,至9月底研究成功,共发生开发费用150万元及律师费用50万元,为使技术运用到生产中,D公司发生相关费用30万元,确认无形资产230万元。11月,D公司将无形资产转让给科华公司,协议价格500万元,科华公司预付300万元。协议规定,技术转让后,D公司需继续提供售后服务,使用该技术生产的产品达不到质量标准时,科华公司有权原价返还。D公司确认300万元收入。王广认为,D公司无形资产确认和转让均不符合《企业会计准则》规定,建议更正。

案例中,D公司无形资产的确认和转让应如何处理?

 知识导航

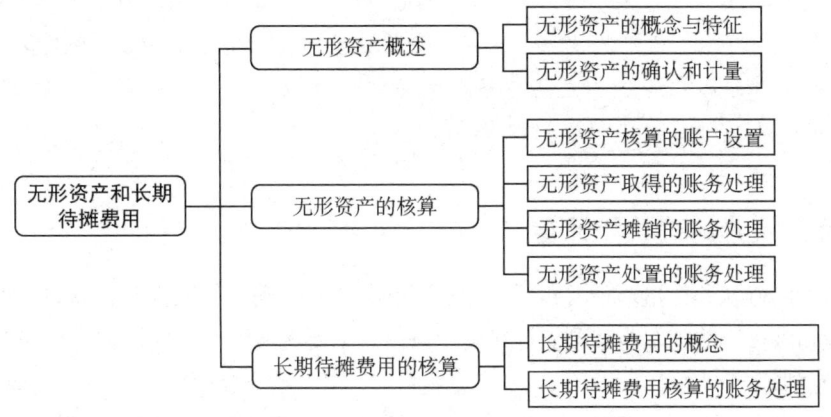

任务一　无形资产概述

 知识课堂

一、无形资产的概念与特征

（一）无形资产的概念

无形资产是指企业拥有或者控制的、没有实物形态的、可辨认的非货币性资产。无形资产通常包括专利权、非专利技术、商标权、著作权、土地使用权和特许权等。

（二）无形资产的特征

无形资产的特征如下：

（1）具有资产的基本特征。无形资产由企业拥有或者控制并能为其带来未来经济利益。

（2）不具有实物形态。无形资产是不具有实物形态的资产，通常表现为某种能为企业带来未来经济利益的权利，如专利技术等。

（3）具有可辨认性。可辨认资产是指具有相对独立性，具有专门的名称，可以单独取得，或作为组成资产的一部分取得，或作为整个企业的一部分买进。

（4）属于非货币性长期资产。无形资产的存在形态不具有货币性资产形态特征，能够在多个会计期间为企业带来经济利益，其价值在受益期间逐期摊销。

 知识拓展

资产满足下列条件之一的，符合无形资产定义中的可辨认性标准：

（1）能够从企业中分离或者划分出来，并能单独用于出售、转让、租赁或授予许可等。在处置时不需要同时处置在同一获利活动中的其他资产，表明无形资产可辨认。或者在处置时需要与有关的合同一起用于出售转让等，视为无形资产可辨认。企业自创商誉及

内部产生的品牌报刊名等，无法与企业的整体资产分离而存在，不具有可辨认性，按现行会计准则规定不应确认为无形资产。

（2）源自合同性权利或其他法定权利，无论这些权利是否可以从企业或其他权利和义务中转移或者分离。如一方通过与另一方签订特许权合同而获得的特许使用权，通过法律程序申请获得的商标权和专利权等。

二、无形资产的确认和计量

无形资产的确认和计量，需要符合无形资产定义，并同时满足与该资产有关的经济利益很可能流入企业和该资产的成本能够可靠计量两个条件。主要无形资产的确认和计量如下所述。

（一）专利权

专利权是指国家专利主管机关依法授予发明创造专利申请人，对其发明创造在法定期限内所享有的专有权利，包括发明专利权、实用新型专利权和外观设计专利权。

企业从外单位购入的专利权，应按实际支付的价款作为专利权的成本。企业自行开发并按法律程序申请取得的专利权，应按照达到预定用途满足资本化条件的支出确定成本。

（二）非专利技术

非专利技术即专有技术，是指先进的、未公开的、未申请专利的、可以带来经济效益的技术及诀窍。

企业的非专利技术，如果是企业自己开发研究的，应将达到预定用途满足资本化条件的开发支出，确认为无形资产。对于从外部购入的非专利技术，应将实际发生的支出予以资本化，作为无形资产入账。

（三）商标权

商标是指用来辨认特定的商品或劳务的标记。商标权是指专门在某类指定的商品或产品上使用特定的名称或图案的权利。

企业购买他人的商标，一次性支出费用较大，可以将购入商标的价款、支付的手续费及有关费用确认为商标权的成本。但企业为宣传自创并已注册登记的商标而发生的相关费用，应在发生时直接计入当期损益。

（四）著作权

著作权又称版权，是指作者对其创作的文学、科学和艺术作品依法享有的某些特殊权利。

（五）土地使用权

土地使用权是指国家准许某一企业或单位在一定期间内对国有土地享有开发、利用和经营的权利。

土地使用权可以依法转让。企业取得土地使用权时，应将发生的支出资本化，作为土地使用权的成本，计入无形资产成本。

（六）特许权

特许权又称经营特许权、专营权，是指企业在某一地区经营或销售某种特定商品的权利，或是一家企业接受另一家企业使用其商标、商号和技术秘密等的权利。

任务二 无形资产的核算

知识课堂

一、无形资产核算的账户设置

(一)"无形资产"账户

"无形资产"账户属于资产类账户,用于核算企业持有的无形资产成本。其账户结构如图 6-1 所示。

借方	无形资产	贷方
本期增加额:取得的无形资产成本	本期减少额:处置无形资产转出的无形资产的账面余额	
期末余额:期末无形资产的成本		

图 6-1 "无形资产"账户结构

企业一般按无形资产项目设置明细账进行明细分类核算。

(二)"累计摊销"账户

"累计摊销"账户属于"无形资产"账户的调整账户,用于核算企业对使用寿命有限的无形资产计提的累计摊销。其账户结构如图 6-2 所示。

借方	累计摊销	贷方
本期减少额:转出无形资产的累计摊销额	本期增加额:计提的无形资产摊销额	
	期末余额:期末无形资产累计摊销额	

图 6-2 "累计摊销"账户结构

二、无形资产取得的账务处理

企业取得无形资产应当按照成本进行初始计量。企业取得无形资产的主要方式有外购和自行研究开发等。企业取得无形资产的方式不同,核算也有所差别。

(一)外购无形资产的账务处理

外购无形资产的成本包括购买价款、相关税费以及直接归属于使该项资产达到预定用途所发生的其他支出。其中,其他支出包括使无形资产达到预定用途所发生的专业服务费用、测试无形资产是否能够正常发挥作用的测试费等,但不包括为引入新产品进行宣传产生的广告费、管理费用和其他间接费用,以及在无形资产已经达到预定用途以后发生的费用。

【例 6-1】 20×2 年 9 月 10 日,华信公司购入一项非专利技术,取得增值税专用发票注明的价款 1 200 000 元,税率 6%,增值税额 72 000 元,以银行存款支付。公司编制如下会计

分录：

借：无形资产——非专利技术　　　　　　　　　　　　　　　1 200 000
　　应交税费——应交增值税(进项税额)　　　　　　　　　　　72 000
　　贷：银行存款　　　　　　　　　　　　　　　　　　　　　　1 272 000

　　甲公司为增值税一般纳税人。20×2年6月1日，购入一项专利，取得增值税专用发票上注明的价款800 000元，增值税额48 000元；同日，测试该专利是否能够正常发挥作用发生费用50 000元。20×2年6月5日，为宣传该专利权生产的产品，发生广告费20 000元。不考虑其他因素，该专利权的入账价值(　　)元。
　　A. 800 000　　　　B. 820 000　　　　C. 850 000　　　　D. 870 000

(二) 自行研究开发无形资产的账务处理

企业内部研究开发项目所发生的支出应区分研究阶段支出和开发阶段支出。

研究阶段支出应当在发生时全部计入当期损益；开发阶段支出满足资本化条件时计入无形资产成本。无法区分研究阶段和开发阶段的支出，应当在发生时作为管理费用，全部计入当期损益，需设置"研发支出"账户。

"研发支出"账户属于成本类账户，用于核算研究与开发无形资产过程中发生的各项支出。其账户结构如图6-3所示。

借方	研发支出	贷方
本期增加额：研发发生的资本化支出和费用化支出		本期减少额：转为无形资产和管理费用的金额
期末余额：正在研发项目中满足资本化条件的支出		

图6-3 "研发支出"账户结构

企业一般按研究开发项目，分别设置"费用化支出"和"资本化支出"明细账户进行明细分类核算。

研究开发阶段中发生的研发支出无论是否满足资本化条件，均应先在"研发支出"账户中核算，下设"资本化支出"和"费用化支出"两个明细账户。"资本化支出"明细账户用于核算发生在开发阶段且满足资本化条件的支出；"费用化支出"明细账户用于核算发生在研究阶段的支出和发生在开发阶段不满足资本化条件的支出。

【例6-2】20×2年1月，华信公司开始进行一项新产品专利技术研发。经测试截至6月30日属于研究阶段，期间发生材料费200 000元，研究人员薪酬100 000元。7月1日，进入开发阶段；9月30日，最终开发出一项专利技术，其间发生材料费140 000元，研究人员薪酬60 000元，为使专利达到预定用途，以银行存款支付专业服务费100 000元，税率6%，增值税额6 000元。在开发阶段，满足资本化条件支出为255 000元。公司编制如下会计分录：

(1) 1至6月,研究阶段支出发生时:

借:研发支出——费用化支出　　　　　　　　　　　　　　　　　300 000
　　贷:原材料　　　　　　　　　　　　　　　　　　　　　　　　200 000
　　　　应付职工薪酬　　　　　　　　　　　　　　　　　　　　　100 000

(2) 6月末,结转研究阶段支出时:

借:管理费用　　　　　　　　　　　　　　　　　　　　　　　　　300 000
　　贷:研发支出——费用化支出　　　　　　　　　　　　　　　　 300 000

(3) 7至9月,开发阶段支出发生时:

借:研发支出——费用化支出　　　　　　　　　　　　　　　　　 45 000
　　　　　　——资本化支出　　　　　　　　　　　　　　　　　 255 000
　　应交税费——应交增值税(进项税额)　　　　　　　　　　　　　 6 000
　　贷:原材料　　　　　　　　　　　　　　　　　　　　　　　　140 000
　　　　应付职工薪酬　　　　　　　　　　　　　　　　　　　　　 60 000
　　　　银行存款　　　　　　　　　　　　　　　　　　　　　　　100 000

(4) 9月末,结转费用化支出和资本化支出时:

借:管理费用　　　　　　　　　　　　　　　　　　　　　　　　　 45 000
　　无形资产——专利权　　　　　　　　　　　　　　　　　　　　255 000
　　贷:研发支出——费用化支出　　　　　　　　　　　　　　　　 45 000
　　　　　　　——资本化支出　　　　　　　　　　　　　　　　　255 000

三、无形资产摊销的账务处理

(一) 无形资产摊销的有关规定

无形资产摊销的有关规定如下:

(1) 企业应当于取得无形资产时分析判断其使用寿命。

(2) 使用寿命有限的无形资产应进行摊销,摊销计入当期损益或资产成本。使用寿命不确定的无形资产不应摊销。

(3) 使用寿命有限的无形资产,其残值通常视为零。

(4) 对于使用寿命有限的无形资产,企业应当按月进行摊销,自可供使用(达到预定可使用状态)当月起开始摊销,处置当月不再摊销。

(5) 无形资产摊销方法有年限平均法(即直线法)和生产总量法等。

(二) 无形资产摊销的会计处理

企业计提无形资产摊销时,借记"管理费用""其他业务成本""生产成本""制造费用"等账户,贷记"累计摊销"账户。

【例6-3】 承[例6-1]和[例6-2],20×2年9月10日,华信公司购入自用非专利技术,使用年限5年。9月30日,开发形成的专利技术并对外出租,租赁期限8年。华信公司无形资产采用直线法摊销。20×2年9月30日,公司编制如下会计分录:

借:管理费用		20 000.00
其他业务成本		2 656.25
贷:累计摊销		22 656.25

四、无形资产处置的账务处理

(一) 出售无形资产的账务处理

企业出售无形资产属于日常经营活动，应当将取得的价款扣除该无形资产账面价值以及出售相关税费后的差额作为资产处置损益进行会计处理。

【例6-4】 承[例6-1]和[例6-3]，20×2年12月31日，华信公司将非专利技术出售，开具增值税专用发票，价款1 260 000元，税率6%，增值税额75 600元，全部款项存入银行。公司编制如下会计分录：

借:银行存款	1 335 600
累计摊销	60 000
贷:无形资产	1 200 000
应交税费——应交增值税(进项税额)	75 600
资产处置损益	120 000

(二) 报废无形资产的账务处理

如果无形资产预期不能为企业带来经济利益。例如，某项无形资产已被其他新技术所替代或超过法律保护期，该资产不再符合无形资产的定义，企业应将其报废并予以转销，其账面价值转入当期损益。

【例6-5】 20×2年12月30日，华信公司经批准将已无市场价值的自行研发并对外出租的专利技术予以注销，该项专利账面余额325 000元，已提摊销300 000元。公司编制如下会计分录：

借:累计摊销	300 000
营业外支出——非流动资产处置损失	25 000
贷:无形资产	325 000

下列各项中，企业进行无形资产的账务处理表述正确的有(　　　)。
A. 使用寿命有限的无形资产应自达到预定用途的当月起开始摊销
B. 销售处置的无形资产处置当月不再摊销
C. 销售处置无形资产的净损失应计入营业外支出
D. 报废处置无形资产的净损失应计入营业外支出

任务三　长期待摊费用的核算

一、长期待摊费用的概念

长期待摊费用是指企业已经发生但应由本期和以后各期负担的分摊期限在1年以上的各项费用,如以租赁方式租入的使用权资产发生的改良支出等。

长期待摊费用属于长期资产,能使企业在以后会计期间受益。

二、长期待摊费用的账务处理

(一)"长期待摊费用"账户设置

"长期待摊费用"属于资产类账户,用于核算长期待摊费用的发生和摊销情况。其账户结构如图6-4所示。

借方	长期待摊费用	贷方
本期增加额:发生的长期待摊费用	本期减少额:摊销的长期待摊费用	
期末余额:尚未摊销完毕的长期待摊费用		

图6-4　"长期待摊费用"账户结构

企业一般按费用项目设置明细账进行明细分类核算。

(二)长期待摊费用的会计处理

企业发生的长期待摊费用,借记"长期待摊费用"账户,确认当期可抵扣的增值税进项税额,借记"应交税费——应交增值税(进项税额)"账户,贷记"原材料""银行存款"等账户。摊销长期待摊费用,借记"管理费用""销售费用"等账户,贷记"长期待摊费用"账户。

【例6-6】　20×2年1月1日,华信公司对以租赁方式新租入的厂房进行改造,发生有关支出:领用生产用材料320 000元,发生有关人员职工薪酬480 000元。20×2年6月30日,该办公楼装修完工,达到预定可使用状态并交付使用。按租赁期10年进行摊销。假定不考虑其他因素。公司编制如下会计分录:

(1)装修办公楼领用原材料时:

借:长期待摊费用　　　　　　　　　　　　　　　　　　　　　　　　320 000
　　贷:原材料　　　　　　　　　　　　　　　　　　　　　　　　　　320 000

(2)确认工程人员职工薪酬时:

借:长期待摊费用　　　　　　　　　　　　　　　　　　　　　　　　480 000
　　贷:应付职工薪酬　　　　　　　　　　　　　　　　　　　　　　　480 000

(3)20×2年7月,摊销装修支出时:

借：管理费用　　　　　　　　　　　　　　　　　　6 666.67
　　贷：长期待摊费用　　　　　　　　　　　　　　　　　　6 666.67

同步训练

嘉联公司有关无形资产的经济业务如下：

(1) 20×0年度研发某项新技术，发生应付人工费用150 000元，以银行存款支付其他费用300 000元，其中，符合资本化条件的支出为250 000元。

(2) 20×1年1月，为研发该项新技术又发生应付的人工费用40 000元，以银行存款支付其他费用70 000元，以上费用均符合资本化条件。

(3) 20×1年1月，该项新技术研发成功，并已达到预定用途。预计使用10年，采用直线法按月进行无形资产摊销。

(4) 20×3年1月，公司为提升形象，拓展市场，决定出售该项新技术，取得增值税专用发票注明价款400 000元，增值税额24 000元，存入银行，以银行存款支付相关费用5 000元。

要求：编制嘉联公司上述经济业务的会计分录。

项目七 负 债

 **项目描述**

负债按偿还期限的长短,可分为流动负债和非流动负债。流动负债是指需要在1年或长于1年的一个营业周期内偿还的负债。非流动负债是指流动负债以外的其他负债。本项目重点介绍短期借款、应付票据与应付账款、应付职工薪酬、应交税费、其他流动负债和长期借款等负债的核算。

 学习目标

知识目标
1. 掌握短期借款的概念、特点和核算。
2. 掌握应付账款、应付票据、应付利息、应付股利和其他应付款的核算。
3. 掌握应付职工薪酬的内容和核算。
4. 掌握应交税费的核算。
5. 掌握长期借款的核算。

能力目标
1. 能够正确核算短期借款。
2. 能够正确核算应付职工薪酬。
3. 能够正确核算应交增值税。
4. 能够正确核算应交消费税、应交城市维护建设税、应交教育费附加和应交个人所得税。
5. 能够正确核算长期借款。

素质目标
1. 培养学生细致、谨慎、有条不紊的专业素质。
2. 培养学生诚实、守信、坚持原则的职业道德。
3. 加强学生的法律意识,树立学生的社会责任意识。

 **案例导入**

2020年9月30日,恰逢国庆中秋双节,腾讯公司给员工发放福利,总共采购10 000台华为MateXS,每人一台。华为这部折叠手机售价1.7万元,腾讯PCG部门有一万多名员工,花费1.7亿元采购。腾讯公司财报显示总薪酬成本为319.64亿元人民币。

(摘自:界面新闻2020年9月30日 林腾)

案例中腾讯公司给员工发放手机属于什么行为?会计如何核算?

知识导航

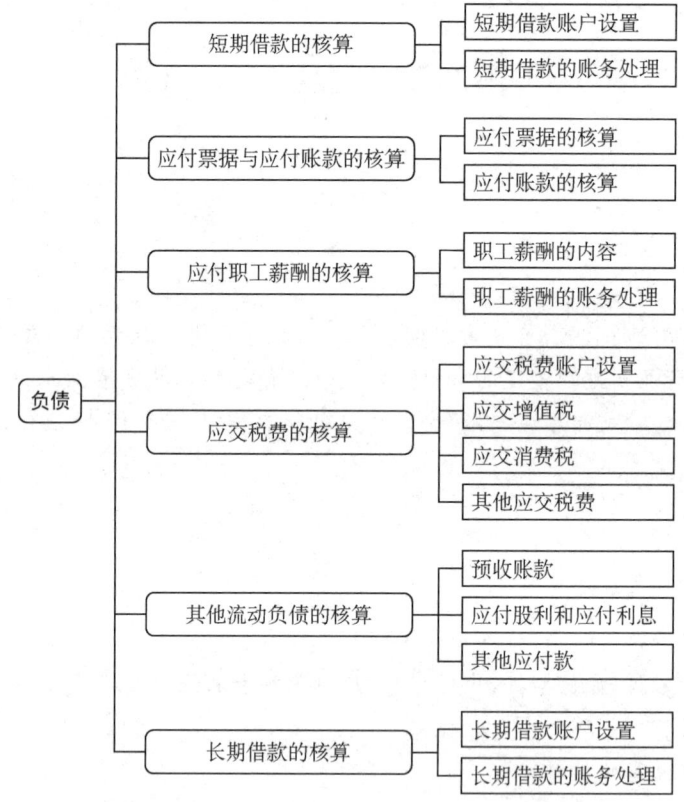

任务一 短期借款的核算

知识课堂

短期借款是指企业从银行或其他金融机构借入的期限在1年或1年以下（含1年）的各种借款。短期借款一般是企业为了满足正常生产经营所需的资金或者为了抵偿某项债务而借入的资金。短期借款具有借款金额小、时间短和利息低等特点。

一、"短期借款"账户设置

"短期借款"账户属于负债类账户，用于核算短期借款的取得和归还。其账户结构如图7-1所示。

借方	短期借款	贷方
本期减少额：偿还短期借款本金		本期增加额：取得短期借款本金
		期末余额：尚未偿还的短期借款本息

图 7-1 "短期借款"账户结构

企业一般按借款种类、贷款人和币种设置明细账进行明细分类核算。

二、短期借款的账务处理

短期借款有关的账务处理包括取得短期借款、发生短期借款利息和归还短期借款等环节。

(一)取得短期借款

【例7-1】 20×2年7月1日,华信公司从银行借入200 000元,年利率为3%,期限为6个月的临时借款,利息于每月月末支付,借款期满时一次归还本金。公司编制如下会计分录:

借:银行存款　　　　　　　　　　　　　　　　　　　　　　　　200 000
　贷:短期借款——临时借款　　　　　　　　　　　　　　　　　　　200 000

(二)发生短期借款利息

实际工作中,短期借款利息按期支付,如按季度支付利息,或者利息是在借款到期时连同本金一起归还,并且数额较大的,企业于月末按预提方式进行短期借款利息的核算,借记"财务费用"账户,贷记"应付利息"账户;如果短期借款利息按月支付,或者在借款到期时连同本金一起归还,数额不大可以不采用预提的方法,实际支付或收到银行的支付通知时,直接计入当期损益,借记"财务费用"账户,贷记"银行存款"账户。

【例7-2】 承[例7-1],华信公司每月支付短期借款利息500元。公司编制如下会计分录:

借:财务费用　　　　　　　　　　　　　　　　　　　　　　　　　500
　贷:银行存款　　　　　　　　　　　　　　　　　　　　　　　　　500

(三)归还短期借款

【例7-3】 承[例7-1],华信公司归还短期借款本金。公司编制如下会计分录:

借:短期借款——临时借款　　　　　　　　　　　　　　　　　　200 000
　贷:银行存款　　　　　　　　　　　　　　　　　　　　　　　　200 000

承[例7-1],华信公司与银行签订的借款合同为按季支付利息,到期归还本金。公司应如何编制会计分录?

任务二　应付票据与应付账款的核算

一、应付票据的核算

应付票据是指企业购买材料、商品和接受劳务等而开出、承兑的商业汇票。应付票据分为商业承兑汇票和银行承兑汇票两种。

(一)"应付票据"账户设置

"应付票据"账户属于负债类账户,用于核算应付票据的开出、偿付等情况。其账户结构如图7-2所示。

借方	应付票据	贷方
本期减少额:支付商业汇票的金额	本期增加额:开出、承兑的商业汇票面值	
	期末余额:尚未到期的商业汇票的票面金额	

图7-2 "应付票据"账户结构

(二)应付票据的账务处理

1. 开出应付票据

【例7-4】 20×2年3月1日,华信公司购入A材料一批,价款100 000元,增值税额13 000元,材料已验收入库。华信公司开出并经开户银行承兑的商业汇票一张,面值为113 000元、期限为3个月。同日,交纳5‰的银行承兑手续费56.5元。公司编制如下会计分录:

(1)3月1日,开出并承兑商业汇票购入材料时:

借:原材料　　　　　　　　　　　　　　　　　　　　　　100 000
　　应交税费——应交增值税(进项税额)　　　　　　　　　 13 000
　　贷:应付票据　　　　　　　　　　　　　　　　　　　　　　113 000

(2)3月1日,支付商业汇票承兑手续费时:

借:财务费用　　　　　　　　　　　　　　　　　　　　　　53.30
　　应交税费——应交增值税(进项税额)　　　　　　　　　　 3.20
　　贷:银行存款　　　　　　　　　　　　　　　　　　　　　　56.50

2. 偿付应付票据

【例7-5】 承[例7-4],20×2年6月1日商业汇票到期,华信公司通知其开户银行以银行存款支付票款。公司编制如下会计分录:

借:应付票据　　　　　　　　　　　　　　　　　　　　　　113 000
　　贷:银行存款　　　　　　　　　　　　　　　　　　　　　　113 000

3. 转销应付票据

(1)应付商业承兑汇票到期,如企业无力支付票款,企业应将应付票据按账面余额转做应付账款,借记"应付票据"账户,贷记"应付账款"账户。

(2)应付银行承兑汇票到期,如企业无力支付票款,则由承兑银行代为支付,并作为付款企业的贷款处理,企业将应付票据的账面余额转作短期借款,借记"应付票据"账户,贷记"短期借款"账户。

【例7-6】 承[例7-4],假设上述银行承兑汇票在20×2年6月1日到期时,华信公司无力支付票款。公司编制如下会计分录:

借:应付票据　　　　　　　　　　　　　　　　　　　　　　113 000
　　　　贷:短期借款　　　　　　　　　　　　　　　　　　　　　　113 000

二、应付账款的核算

应付账款是指企业因购买材料、商品、物资和接受服务而应付给供应单位的款项。应付账款的核算包括应付账款的发生、应付账款的偿还和应付账款的转销。

（一）应付账款的发生

【例 7-7】 20×2 年 3 月 16 日，华信公司购入 A 材料一批，增值税专用发票上注明的价款 100 000 元，增值税额 13 000 元，同时对方代垫运费 2 000 元，增值税额 180 元，已收到增值税专用发票，材料已到达入库（材料按实际成本核算），所有款项均未支付。公司编制如下会计分录：

　　借:原材料——A 材料　　　　　　　　　　　　　　　　　102 000
　　　　应交税费——应交增值税（进项税额）　　　　　　　　　　13 180
　　　　贷:应付账款　　　　　　　　　　　　　　　　　　　　　115 180

（二）应付账款的偿还

【例 7-8】 承[例 7-7]，6 月 9 日，华信公司支付货款及代垫运费。公司编制如下会计分录：

　　借:应付账款　　　　　　　　　　　　　　　　　　　　　　115 180
　　　　贷:银行存款　　　　　　　　　　　　　　　　　　　　　115 180

8 月 10 日，假如华信公司没有足够资金偿还应付账款，开出商业承兑汇票，抵付上述货款，公司应如何编制会计分录？

（三）应付账款的转销

企业对于确实无法支付的应付账款应予以转销，按其账面余额计入营业外收入，借记"应付账款"账户，贷记"营业外收入"账户。

任务三　应付职工薪酬的核算

一、职工薪酬的内容

职工薪酬是指企业为获得职工提供的服务或解除劳动关系而给予各种形式的报酬或补偿。职工薪酬包括短期薪酬、离职后福利、辞退福利和其他长期职工福利。企业提供给职工配偶、子女、受赡养人、已故员工遗属及其他受益人等的福利，也属于职工薪酬。

（一）短期职工薪酬

短期职工薪酬是指企业在职工提供相关服务的年度报告期间结束后12个月内需要全部予以支付的职工薪酬，因解除与职工的劳动关系给予的补偿除外。短期薪酬具体包括：

（1）职工工资、奖金、津贴和补贴。职工工资、奖金、津贴和补贴是指按照构成工资总额的计时工资、计件工资、支付给职工的超额劳动报酬和增收节支的劳动报酬、为补偿职工特殊或额外的劳动消耗和因其他特殊原因支付给职工的津贴，以及为保证职工工资水平不受物价影响支付给职工的物价补贴等。

（2）职工福利费。职工福利费是指企业向职工提供的生活困难补助、丧葬补助费、抚恤费和职工异地安家费等支出。

（3）医疗保险费、工伤保险费等社会保险费。医疗保险费、工伤保险费等社会保险费是指企业按照国家规定的基准和比例计算，向社会保险经办机构缴纳的保险金。

（4）住房公积金。住房公积金是指企业按照国家规定的基准和比例计算，向住房公积金管理机构缴存的资金。

（5）工会经费和职工教育经费。工会经费和职工教育经费是指企业为了改善职工文化生活、为职工学习先进技术及提高文化水平和业务素质，用于开展工会活动和职工教育及职业技能培训等相关支出。

（6）短期带薪缺勤。短期带薪缺勤是指职工虽然缺勤但企业仍向其支付报酬的安排，包括年休假、病假、婚假、产假、丧假和探亲假等。长期带薪缺勤属于其他长期职工福利。

（7）短期利润分享计划。短期利润分享计划是指因职工提供服务而与职工达成的基于利润或其他经营成果提供薪酬的协议。

（8）其他短期薪酬。其他短期薪酬是指上述薪酬以外的其他为获得职工提供的服务而给予的薪酬。

（二）长期职工薪酬

长期职工薪酬包括以下几种情况：

（1）离职后福利。离职后福利是指企业为获得职工提供的服务而在职工退休或与企业解除劳动关系后，提供的各种形式的报酬和福利，短期薪酬和辞退福利除外。

（2）辞退福利。辞退福利是指企业在职工劳动合同到期之前解除与职工的劳动关系，或者为鼓励职工自愿接受裁减而给予职工的补偿。

（3）其他长期职工福利。其他长期职工福利是指短期薪酬、离职后福利、辞退福利以外所有的职工薪酬，包括长期带薪缺勤、长期残疾福利和长期利润分享计划等。

考一考

下列各项中，属于企业短期职工薪酬内容的有（　　）。

A. 支付给职工王强的补贴1 000元

B. 为职工缴纳工伤保险费100 000元

C. 支付给职工张萍萍休产假期间的工资30 000元

D. 为辞退职工赵明而支付的补偿金50 000元

二、职工薪酬的账务处理

(一)"应付职工薪酬"账户设置

"应付职工薪酬"账户属于负债类账户,用于核算应付职工薪酬的计提、结算和使用等情况。其账户结构如图7-3所示。

借方	应付职工薪酬	贷方
本期减少额:① 实际发放的职工薪酬 ② 代扣代垫的款项		本期增加额:已分配计入有关成本费用的职工薪酬
		期末余额:反映企业应付未付的职工薪酬

图 7-3 "应付职工薪酬"账户结构

企业一般按"工资""职工福利费""非货币性福利""社会保险费""住房公积金""工会经费""职工教育经费""带薪缺勤""利润分享计划""设定提存计划""设定受益计划""辞退福利"等职工薪酬项目设置明细账进行明细分类核算。

(二)短期职工薪酬的账务处理

1. 货币性职工薪酬的账务处理

【例7-9】 20×2年9月30日,华信公司本月应付工资总额462 000元,工资费用分配汇总表中列示的产品生产人员工资320 000元,车间管理人员工资70 000元,企业行政管理人员工资60 400元,销售人员工资11 600元。公司编制如下会计分录:

借:生产成本　　　　　　　　　　　　　　　　　　　　　　　　　320 000
　　制造费用　　　　　　　　　　　　　　　　　　　　　　　　　 70 000
　　管理费用　　　　　　　　　　　　　　　　　　　　　　　　　 60 400
　　销售费用　　　　　　　　　　　　　　　　　　　　　　　　　 11 600
　　贷:应付职工薪酬——工资　　　　　　　　　　　　　　　　　　462 000

【例7-10】 承[例7-9],根据工资费用分配汇总表结算本月应付职工工资总额462 000元,企业代垫职工家属医药费2 000元,代扣个人所得税40 000元,实发工资总额420 000元。公司编制如下会计分录:

(1)通过开户银行发放工资时:

借:应付职工薪酬——工资　　　　　　　　　　　　　　　　　　　420 000
　　贷:银行存款　　　　　　　　　　　　　　　　　　　　　　　　420 000

(2)结转代扣、代垫款项时:

借:应付职工薪酬——工资　　　　　　　　　　　　　　　　　　　 42 000
　　贷:应交税费——应交个人所得税　　　　　　　　　　　　　　　 40 000
　　　　其他应收款——代垫医药费　　　　　　　　　　　　　　　　 2 000

【例7-11】 华信公司下设职工餐厅,每月按职工人数,每人200元对食堂进行补贴。20×2年9月30日,实有职工500人,其中:生产工人300人,车间管理人员80人,公司行政

管理人员100人,专设销售人员20人。公司编制如下会计分录:

借:生产成本 60 000
    制造费用 16 000
    管理费用 20 000
    销售费用 4 000
    贷:应付职工薪酬——职工福利费 100 000

【例7-12】 20×2年10月5日,华信公司支付100 000元补贴食堂。企业编制如下会计分录:

借:应付职工薪酬——职工福利费 100 000
    贷:银行存款 100 000

【例7-13】 承[例7-9],根据相关规定,分别按照职工工资总额的2%和8%的计提标准,确认应付工会经费和职工教育经费。公司编制如下会计分录:

借:生产成本 32 000
    制造费用 7 000
    管理费用 6 040
    销售费用 1 160
    贷:应付职工薪酬——工会经费 9 240
                    ——职工教育经费 36 960

【例7-14】 承[例7-9],华信公司根据规定的计提标准,计算应由企业负担的向社会保险经办机构缴纳社会保险费(不含基本养老保险费和失业保险费)共计55 440元,按照规定标准计提住房公积金50 820元。公司编制如下会计分录:

借:生产成本 73 600
    制造费用 16 100
    管理费用 13 892
    销售费用 2 668
    贷:应付职工薪酬——社会保险费 55 440
                    ——住房公积金 50 820

2. 非货币性福利的账务处理

【例7-15】 华信公司共有职工500名,其中,直接参加生产的职工300人,车间管理人员80人,管理人员100人,专设销售人员20人。年末公司以其生产的每台成本为200元的N产品作为春节福利发放给公司每位职工。该产品不含增值税的市场售价为每台300元,销售商品适用的增值税税率为13%。公司编制如下会计分录:

(1) 发放N产品时:

借:应付职工薪酬——非货币性福利 169 500
    贷:主营业务收入 150 000
        应交税费——应交增值税(销项税额) 19 500

(2) 分配非货币性福利费用时:

借:生产成本	101 700
制造费用	27 120
管理费用	33 900
销售费用	6 780
贷:应付职工薪酬——非货币性福利	169 500

(3) 结转产品销售成本时：

借:主营业务成本	100 000
贷:库存商品	100 000

（三）长期职工薪酬的账务处理

1. 离职后福利的账务处理

对于设定提存计划,企业应当根据在资产负债表日为换取职工在会计期间提供的服务而应向单独主体缴存的提存金,确认为应付职工薪酬,并计入当期损益或相关资产成本。

【例7-16】 承[例7-9],华信公司根据所在地政府规定,按照职工工资总额的16%计提基本养老保险费,缴存当地社会保险经办机构。公司应计入生产成本的金额为51 200元,应计入制造费用的金额为11 200元,应计入管理费用的金额为9 664元,应计入销售费用的金额为1 856元。公司编制如下会计分录：

借:生产成本	51 200
制造费用	11 200
管理费用	9 664
销售费用	1 856
贷:应付职工薪酬——设定提存计划——基本养老保险费	73 920

2. 辞退福利的账务处理

辞退福利具体包括以下两种情况：

(1) 职工劳动合同到期前,不论职工本人是否愿意,企业决定解除与职工的劳动关系而给予的补偿。

(2) 职工劳动合同到期前,为鼓励职工自愿接受裁减而给予的补偿,职工有权选择继续在职或接受补偿离职。

情况(1)的辞退福利是强制性的,情况(2)的辞退福利属意愿性的,两者都发生在合同到期前。

丁企业与其销售总经理达成协议：3年后利润达到1亿元,其薪酬为利润的2%。下列各项中,属于丁企业向销售总经理提供薪酬的类别是(　　)。

A. 带薪缺勤　　　　　　　　B. 辞退福利
C. 离职后福利　　　　　　　D. 利润分享计划

任务四　应交税费的核算

知识课堂

应交税费是指企业根据在一定时期内取得的营业收入、实现的利润等,按现行税法的规定,采用一定的计税办法预先提取但尚未交纳的各种税费,包括增值税、消费税、企业所得税、城市维护建设税、资源税、土地增值税、房产税、车船税、城镇土地使用税、教育费附加、印花税、耕地占用税、环境保护税、契税和车辆购置税等。

一、"应交税费"账户设置

"应交税费"账户属于负债类账户,用于核算应交税费的应交、交纳情况,印花税、耕地占用税等不需要预计应交数的税金,不通过"应交税费"账户核算。其账户结构如图7-4所示。

借方	应交税费	贷方
本期减少额:实际交纳的税费		本期增加额:应交纳的各种税费
期末余额:多交或尚未抵扣的税费		期末余额:尚未交纳的税费

图7-4　"应交税费"账户结构

企业一般按税种设置明细账进行明细分类核算。

二、应交增值税

(一) 应交增值税概述

1. 增值税征税范围和纳税义务人

增值税是指以商品(含应税劳务、应税行为)在流转过程中实现的增值额作为计税依据而征收的一种流转税。按照我国现行增值税制度的规定,在我国境内销售货物、加工修理修配劳务、服务、无形资产和不动产以及进口货物的企业、单位和个人为增值税的纳税人。其中,"服务"是指提供交通运输服务、建筑服务、邮政服务、电信服务、金融服务、现代服务和生活服务。根据经营规模大小及会计核算水平的健全程度,增值税纳税人分为一般纳税人和小规模纳税人。

2. 增值税的计税方法

计算增值税的方法分为一般计税方法和简易计税方法。

(1) 增值税的一般计税方法应纳税额的计算公式如下:

$$增值税应纳税额 = 当期销项税额 - 当期进项税额$$

$$销项税额 = 销售额 \times 增值税税率$$

一般纳税人计算增值税大多采用一般计税方法,采用的税率分为13%、9%、6%和零税率。

(2)增值税的简易计税方法应纳税额的计算公式如下:

$$应纳税额＝销售额×征收率$$

小规模纳税人一般采用简易计税方法,增值税征收率为3%,国家另有规定的除外。

(二)一般纳税人的账务处理

1. 增值税核算设置的明细账户

一般纳税人增值税的核算需设置"应交税费——应交增值税"和"应交税费——未交增值税"等明细账户。"应交税费——应交增值税"明细账户核算一般纳税人进项税额、销项税额抵减、已交税金、转出未交增值税、销项税额、出口退税、进项税额转出、转出多交增值税等情况。该明细账户下分设进项税额、销项税额等多个专栏。

2. 应交增值税的会计处理

【例7-17】 华信公司销售商品适用的增值税税率为13%,原材料按实际成本核算,销售商品价格为不含增值税的公允价格。20×2年8月份取得资产、接受劳务或服务事项如下:

(1) 6日,购入原材料一批,增值税专用发票上注明的价款为100 000元,增值税额13 000元,材料尚未到达,全部款项已用银行存款支付。

(2) 10日,收到6日购入的原材料并验收入库,实际成本总额100 000元。同日,与运输公司结清运输费用,增值税专用发票上注明的运输费用5 000元,增值税额450元,运输费用和增值税额已用转账支票付讫。

(3) 15日,购入不需要安装的生产设备一台,增值税专用发票上注明的价款20 000元,增值税额2 600元,款项尚未支付。

(4) 20日,购入农产品一批,农产品收购发票上注明的买价200 000元,规定的扣除率9%,货物尚未到达,价款已用银行存款支付。

(5) 24日,公司管理部门委托外单位修理机器设备,取得对方开具的增值税专用发票上注明的修理费用10 000元,增值税额1 300元,款项已用银行存款支付。

(6) 24日,购进一幢简易办公楼作为固定资产核算,并投入使用。已取得增值税专用发票并经税务机关认证,增值税专用发票上注明的价款1 200 000元,增值税额108 000元,全部款项以银行存款支付。不考虑其他相关因素。

公司编制如下会计分录:

(1) 6日,购入原材料时:

借:在途物资　　　　　　　　　　　　　　　　　　　　　　　　　　100 000
　　应交税费——应交增值税(进项税额)　　　　　　　　　　　　　　 13 000
　　贷:银行存款　　　　　　　　　　　　　　　　　　　　　　　　　113 000

(2) 10日,原材料验收入库时:

借:原材料　　　　　　　　　　　　　　　　　　　　　　　　　　　105 000
　　应交税费——应交增值税(进项税额)　　　　　　　　　　　　　　　　450
　　贷:银行存款　　　　　　　　　　　　　　　　　　　　　　　　　　5 450
　　　　在途物资　　　　　　　　　　　　　　　　　　　　　　　　　100 000

(3) 15日,购入生产设备时:

借:固定资产	20 000
应交税费——应交增值税(进项税额)	2 600
贷:应付账款	22 600

(4) 20日,购入农产品时:

借:在途物资	182 000
应交税费——应交增值税(进项税额)	18 000
贷:银行存款	200 000

(5) 24日,修理机器设备时:

借:管理费用	10 000
应交税费——应交增值税(进项税额)	1 300
贷:银行存款	11 300

(6) 24日,购进办公楼时:

借:固定资产	1 200 000
应交税费——应交增值税(进项税额)	108 000
贷:银行存款	1 308 000

【例7-18】 20×2年8月,华信公司发生进项税额转出事项如下:

(1) 10日,库存材料因管理不善发生火灾损失,材料实际成本10 000元,相关增值税专用发票上注明的增值税额1 300元。

(2) 18日,领用一批外购原材料用于维修集体宿舍,该批原材料的实际成本50 000元,相关增值税专用发票上注明的增值税额6 500元。

公司编制如下会计分录:

(1) 10日,将毁损库存材料作为待处理财产损溢入账时:

借:待处理财产损溢——待处理流动资产损溢	11 300
贷:原材料	10 000
应交税费——应交增值税(进项税额转出)	1 300

(2) 18日,领用原材料维修集体宿舍时:

借:应付职工薪酬——职工福利费	56 500
贷:原材料	50 000
应交税费——应交增值税(进项税额转出)	6 500

【例7-19】 20×2年8月,华信公司发生与销售相关的事项如下:

(1) 15日,销售产品一批,开具增值税专用发票上注明的价款300 000元,增值税额39 000元,提货单和增值税专用发票已交给买方,款项尚未收到。

(2) 28日,为外单位代加工电脑桌200个,每个收取加工费80元,已加工完成开具增值税专用发票上注明的价款16 000元,增值税额2 080元,款项已收到并存入银行。

公司编制如下会计分录:

(1) 15 日,销售产品时:

借:应收账款 339 000
　贷:主营业务收入 300 000
　　　应交税费——应交增值税(销项税额) 39 000

(2) 28 日,收取加工费时:

借:银行存款 18 080
　贷:主营业务收入 16 000
　　　应交税费——应交增值税(销项税额) 2 080

企业有些交易或事项按照现行增值税制度规定,应视同对外销售处理,计算应交增值税。这些交易或事项主要包括企业将自产或委托加工的货物用于集体福利或个人消费、作为投资提供给其他单位或个体工商户、分配给股东或投资者以及对外捐赠等。

【例 7-20】 20×2 年 8 月,华信公司发生视同销售事项如下:

(1) 10 日,以公司生产的产品对外捐赠,该批产品的实际成本 200 000 元,市场不含税售价 250 000 元,开具的增值税专用发票上注明的增值税额 32 500 元。

(2) 28 日,企业用一批原材料对外进行长期股权投资。该批原材料实际成本 600 000 元,双方协商不含税价值 750 000 元,开具的增值税专用发票上注明的增值税额 97 500 元。不考虑其他因素。

公司编制如下会计分录:

(1) 10 日,以产品对外捐赠时:

借:营业外支出 232 500
　贷:库存商品 200 000
　　　应交税费——应交增值税(销项税额) 32 500

(2) 28 日,用原材料对外进行投资时:

借:长期股权投资 847 500
　贷:其他业务收入 750 000
　　　应交税费——应交增值税(销项税额) 97 500

同时:

借:其他业务成本 600 000
　贷:原材料 600 000

【例 7-21】 承[例 7-17]至[例 7-20],20×2 年 8 月 31 日,华信公司结转当月应交增值税(增值税销项税额 171 080 元,增值税进项税额转出 7 800 元,增值税进项税额 143 350 元)。公司编制如下会计分录:

借:应交税费——应交增值税(转出未交增值税) 35 530
　贷:应交税费——未交增值税 35 530

【例 7-22】 20×2 年 9 月,华信公司交纳 8 月未交的增值税额 35 530 元。公司编制如下会计分录:

借:应交税费——未交增值税 35 530
　贷:银行存款 35 530

(三) 小规模纳税人的账务处理

小规模纳税人进行账务处理时,只需在"应交税费"账户下设置"应交增值税"明细账户,该明细账户不再设置增值税专栏。

【例 7-23】 某企业为增值税小规模纳税人,适用增值税征收率为 3%,原材料按实际成本核算。该企业发生经济交易如下:购入原材料一批,取得增值税专用发票上注明的价款 30 000 元,增值税额 3 900 元,全部款项以银行存款支付,材料已验收入库。销售产品一批,开具的普通发票上注明的货款(含税)51 500 元,款项已存入银行。用银行存款交纳增值税款 1 500 元。该企业应编制如下会计分录:

(1) 购入原材料时:

借:原材料　　　　　　　　　　　　　　　　　　　　　　　　　33 900
　　贷:银行存款　　　　　　　　　　　　　　　　　　　　　　　33 900

(2) 销售产品时:

借:银行存款　　　　　　　　　　　　　　　　　　　　　　　　51 500
　　贷:主营业务收入　　　　　　　　　　　　　　　　　　　　　50 000
　　　　应交税费——应交增值税　　　　　　　　　　　　　　　　1 500

三、应交消费税

(一) 应交消费税概述

消费税是指对在我国境内从事生产、委托加工及进口应税消费品的单位和个人,就其应税消费品的销售额或销售数量征收的一种流转税。消费税有从价定率、从量定额、从价定率和从量定额复合计税(简称"复合计税")三种征收方法。

(二) 应交消费税的账务处理

1. 销售应税消费品的账务处理

【例 7-24】 20×2 年 8 月 10 日,华信公司销售应纳消费税的 M 产品,价款 1 000 000 元(不含增值税),开具的增值税专用发票上注明的增值税额 130 000 元,适用的消费税税率为 15%,款项已存入银行。公司编制如下会计分录:

(1) 取得价款和税款时:

借:银行存款　　　　　　　　　　　　　　　　　　　　　　　1 130 000
　　贷:主营业务收入　　　　　　　　　　　　　　　　　　　　1 000 000
　　　　应交税费——应交增值税(销项税额)　　　　　　　　　　130 000

(2) 计提消费税时:

借:税金及附加　　　　　　　　　　　　　　　　　　　　　　　150 000
　　贷:应交税费——应交消费税　　　　　　　　　　　　　　　　150 000

2. 自产自用应税消费品的账务处理

【例 7-25】 20×2 年 8 月 20 日,工程领用 M 产品,实际成本 5 000 元,同类产品的销售价格 10 000 元,消费税税率 15%,增值税税率 13%。公司编制如下会计分录:

借:在建工程 7 800
　　贷:库存商品 5 000
　　　　应交税费——应交消费税 1 500
　　　　　　　　——应交增值税(销项税额) 1 300

3. 委托加工应税消费品的账务处理

企业如有应交消费税的委托加工物资,一般应由受托方代收代交消费税。委托加工物资收回后,直接用于销售的,应将受托方代收代交的消费税计入委托加工物资成本;委托加工物资收回后用于连续生产应税消费品的,按规定准予抵扣。等加工完成的应纳消费税产品销售时,再交纳消费税。

【例7-26】 华信公司委托B企业加工材料一批(属于应税消费品),原材料实际成本10 000元,支付的加工费8 000元(不含增值税),消费税税率10%,材料加工完成验收入库,加工费用等已经支付。双方适用的增值税税率13%。公司编制如下会计分录:

(1) 发出委托加工物资时:

借:委托加工物资 10 000
　　贷:原材料 10 000

(2) 支付加工费时:

借:委托加工物资 8 000
　　应交税费——应交增值税 1 040
　　贷:银行存款 9 040

(3) 支付消费税时,
① 若收回后直接销售则:

借:委托加工物资 2 000
　　贷:银行存款 2 000

② 若收回后继续加工则:

借:应交税费——应交消费税 2 000
　　贷:银行存款 2 000

(4) 收回委托加工物资时,
① 若收回后直接销售则:

借:原材料 20 000
　　贷:委托加工物资 20 000

② 若收回后继续加工则:

借:原材料 18 000
　　贷:委托加工物资 18 000

四、其他应交税费

(一)其他应交税费的内容

其他应交税费是指上述应交税费以外的其他各种应上交国家的税费,包括应交资源税、应交城市维护建设税、应交土地增值税、应交所得税、应交房产税、应交土地使用税、应交车船税、应交教育费附加、应交环境保护税和应交个人所得税等。

1. 资源税

资源税是指对在我国境内开采矿产品或者生产盐的单位和个人征收的税。应纳税额的计算公式如下：

$$应纳税额＝销售额\times 适用税率$$

2. 城市维护建设税

城市维护建设税是指以增值税和消费税为计税依据征收的一种税。城市维护建设税以纳税人实际交纳的增值税和消费税税额为计税依据，并分别与两项税金同时交纳。税率因纳税人所在地不同分别规定为7%、5%和1%三个档次。应纳税额的计算公式如下：

$$应纳税额＝(实际交纳的增值税＋实际交纳的消费税)\times 适用税率$$

3. 教育费附加

教育费附加是指为了加快发展地方教育事业、扩大地方教育经费资金来源而向企业征收的附加费用。教育费附加以各单位实际交纳的增值税、消费税的税额为计征依据，按其一定比例分别与增值税、消费税同时交纳。应纳税额的计算公式如下：

$$应纳税额＝(实际交纳的增值税＋实际交纳的消费税)\times 适用税率$$

4. 应交房产税、城镇土地使用税和车船税等

房产税是指国家对在城市、县城、建制镇和工矿区征收的由产权所有人缴纳的一种税。房产税依照房产原值一次减除10%～30%后的余额计算交纳。没有房产原值作为依据的，由房产所在地税务机关参考同类房产核定；房产出租的，以房产租金收入为房产税的计税依据。

城镇土地使用税是以城市、县城、建制镇、工矿区范围内使用土地的单位和个人为纳税人，以其实际占用的土地面积和规定税额计算征收。

车船税是指以车辆、船舶(简称"车船")为课征对象，向车船的所有人或者管理人征收的一种税。

(二) 其他应交税费的账务处理

【例 7-27】 20×2年8月25日，对外销售资源税应税矿产品3 500吨；用于其产品生产600吨，税法规定每吨矿产品应交纳资源税5元。公司编制如下会计分录：

(1) 计算对外销售应税矿产品应交资源税时：

借：税金及附加　　　　　　　　　　　　　　　　　　　　　　　17 500
　　贷：应交税费——应交资源税　　　　　　　　　　　　　　　　　17 500

(2) 计算自用应税矿产品应交资源税时：

借：生产成本　　　　　　　　　　　　　　　　　　　　　　　　3 000
　　贷：应交税费——应交资源税　　　　　　　　　　　　　　　　　3 000

(3) 交纳资源税时：

借：应交税费——应交资源税　　　　　　　　　　　　　　　　　20 500
　　贷：银行存款　　　　　　　　　　　　　　　　　　　　　　　20 500

【例7-28】 20×2年10月,华信公司实际交纳增值税200 000元、消费税240 000元,适用的城市维护建设税税率为7%。公司编制如下会计分录:

(1) 计算应交城市维护建设税时:

借:税金及附加 30 800
　　贷:应交税费——应交城市维护建设税 30 800

(2) 用银行存款交纳城市维护建设税时:

借:应交税费——应交城市维护建设税 30 800
　　贷:银行存款 30 800

【例7-29】 20×2年9月,华信公司对外转让一栋厂房,根据税法规定计算的应交土地增值税30 000元。公司编制如下会计分录:

(1) 计算应交土地增值税时:

借:固定资产清理 30 000
　　贷:应交税费——应交土地增值税 30 000

(2) 用银行存款交纳土地增值税时:

借:应交税费——应交土地增值税 30 000
　　贷:银行存款 30 000

【例7-30】 20×2年华信公司按税法规定本期应交纳房产税100 000元、车船税36 000元、城镇土地使用税45 000元。公司编制如下会计分录:

(1) 计算应交纳的上述税费时:

借:税金及附加 181 000
　　贷:应交税费——应交房产税 100 000
　　　　　　　　——应交城镇土地使用税 45 000
　　　　　　　　——应交车船税 36 000

(2) 用银行存款交纳上述税费时:

借:应交税费——应交房产税 100 000
　　　　　　——应交城镇土地使用税 45 000
　　　　　　——应交车船税 36 000
　　贷:银行存款 181 000

任务五　其他流动负债的核算

知识课堂

其他流动负债是指短期借款、应付票据、应付账款、应付职工薪酬和应交税费之外的其他应付款项,包括预收账款和其他应付款。

一、预收账款

预收账款是指企业按照合同规定预收的款项。

(一)"预收账款"账户设置

"预收账款"账户属于负债类账户,用于核算预收账款的取得、偿付等情况。其账户结构如图 7-5 所示。

借方	预收账款	贷方
本期减少额:企业冲销的预收款项数额		本期增加额:企业发生的预收款项数额
期末余额:反映企业尚未转销的款项		期末余额:反映企业预收的款项

图 7-5 "预收账款"账户结构

企业一般应按照客户设置明细账进行明细分类核算。

(二)预收账款的账务处理

1. 取得预收账款的账务处理

企业预收款项时,按实际收到的全部预收款,借记"库存现金""银行存款"账户,涉及增值税的,按照预收款计算的应交增值税,贷记"应交税费——应交增值税(销项税额)"账户,全部预收款扣除应交增值税的差额,贷记"预收账款"账户。

2. 偿付预收账款的账务处理

企业分期确认有关收入时,按照实现的收入,借记"预收账款"账户,贷记"主营业务收入""其他业务收入"账户。企业收到客户补付款项时,借记"库存现金""银行存款"账户,贷记"预收账款""应交税费——应交增值税(销项税额)"账户;退回客户多预付的款项时,借记"预收账款"账户,贷记"库存现金""银行存款"账户。涉及增值税的,还应进行相应的会计处理。

预收款业务不多的企业,可以不单独设置"预收账款"账户,其所发生的预收款可通过"应收账款"账户核算。

二、应付股利和应付利息

(一)应付股利

应付股利是指企业根据股东大会或者类似机构审议批准的利润分配方案确定分配给投资者的现金股利或利润。

1. "应付股利"账户设置

"应付股利"账户属于负债类账户,用于核算企业确定或宣告发放但尚未实际支付的现金股利或利润。其账户结构如图 7-6 所示。

借方	应付股利	贷方
本期减少额:实际支付的现金股利或利润		本期增加额:应支付的现金股利或利润
		期末余额:反映企业应付而未付的现金股利或利润

图 7-6 "应付股利"账户结构

企业一般按投资者设置明细账进行明细分类核算。

2. 应付股利的账务处理

企业根据股东大会或类似权力机构审议批准的利润分配方案,确认应付给投资者的现金股利或利润时,借记"利润分配——应付现金股利或利润"账户,贷记"应付股利"账户;向投资者实际支付现金股利或利润时,借记"应付股利"账户,贷记"银行存款"等账户。

(二) 应付利息

应付利息是指企业按照合同约定应支付的利息。

1. "应付利息"账户设置

"应付利息"账户属于负债类账户,用于核算企业应付利息的发生、支付情况。其账户结构如图7-7所示。

借方	应付利息	贷方
本期减少额:实际支付的利息	本期增加额:应支付的利息	
	期末余额:反映企业应付而未付利息	

图7-7 "应付利息"账户结构

企业一般按债权人设置明细账进行明细分类核算。

2. 应付利息的账务处理

企业按照合同约定计算应支付的利息时,借记"财务费用"等账户,贷记"应付利息"账户;实际支付利息时,借记"应付利息"账户,贷记"银行存款"等账户。

三、其他应付款

其他应付款是指企业除了应付票据、应付账款、预收账款、应付职工薪酬、应交税费、应付利息和应付股利等流动负债的其他各项应付、暂收的款项。例如,应付经营租入固定资产和包装物的租金、存入保证金(如收取包装物押金等)、其他应付和暂收款项等。

(一) "其他应付款"账户设置

"其他应付款"账户属于负债类账户,用于核算其他应付款的增减变动及结存情况。其账户结构如图7-8所示。

借方	其他应付款	贷方
本期减少额:企业偿还的应付、暂收款项数额	本期增加额:企业发生的应付、暂收款项数额	
	期末余额:尚未支付的其他应付款数额	

图7-8 "其他应付款"账户结构

企业一般按其他应付款的项目和对方单位(或个人)设置明细账进行明细分类核算。

(二) 其他应付款的账务处理

【例7-31】 华信公司因业务需要,向宏大公司租入办公用房和生产车间,每月需支付的房租分别为6 000元和10 000元。公司编制如下会计分录:

(1) 发生应付未付的租金时：

借：制造费用　　　　　　　　　　　　　　　　　　　　　　　　　　　10 000
　　管理费用　　　　　　　　　　　　　　　　　　　　　　　　　　　　6 000
　　贷：其他应付款——宏大公司　　　　　　　　　　　　　　　　　　　　　　16 000

(2) 支付租金时：

借：其他应付款——宏大公司　　　　　　　　　　　　　　　　　　　　　16 000
　　贷：银行存款　　　　　　　　　　　　　　　　　　　　　　　　　　　　　16 000

任务六　长期借款的核算

知识课堂

长期借款是指企业从银行、其他金融机构或其他单位借入的、偿还期在1年或超过1年的一个营业周期以上的借款。它是企业长期负债的重要组成部分。

一、"长期借款"账户设置

"长期借款"账户属于负债类账户，用于核算长期借款的借入、归还等情况。其账户结构如图7-9所示。

借方	长期借款	贷方
本期减少额：长期借款本息的减少额	本期增加额：长期借款本息的增加额	
	期末余额：尚未偿还的长期借款本息	

图7-9　"长期借款"账户结构

企业一般设"本金""应计利息"等明细账户进行明细分类核算。

二、长期借款的账务处理

(一) 取得长期借款

【例7-32】　20×2年11月30日，华信公司为购建不需安装设备一台，从银行取得3年期借款2 000 000元，年利率7.2%，到期一次还本付息。当日，以银行存款支付设备价款1 500 000元，增值税额195 000元，设备当日投入使用。公司编制如下会计分录：

(1) 取得借款时：

借：银行存款　　　　　　　　　　　　　　　　　　　　　　　　　　2 000 000
　　贷：长期借款——本金　　　　　　　　　　　　　　　　　　　　　　　　2 000 000

(2) 支付设备价税款时：

借:固定资产　　　　　　　　　　　　　　　　　　　　　　　　　　1 500 000
　　应交税费——应交增值税(进项税额)　　　　　　　　　　　　　195 000
　　贷:银行存款　　　　　　　　　　　　　　　　　　　　　　　　　1 695 000

(二) 发生长期借款利息

长期借款计算确定的利息费用,应当按以下原则计入有关成本、费用:①属于筹建期间的,计入管理费用。②属于生产经营期间的,计入财务费用。③如果长期借款用于购建固定资产等符合资本化条件的,在资产尚未达到预定可使用状态前,所发生的利息支出应当资本化,计入在建工程等相关资产成本。④资产达到预定可使用状态后发生的利息支出,以及按规定不予资本化的利息支出,计入财务费用。

长期借款按合同利率计算确定的应付未付利息,如果属于分期付息的,贷记"应付利息"账户,如果属于到期一次还本付息的,贷记"长期借款——应计利息"账户。同时,借记"在建工程""制造费用""财务费用""研发支出"等账户。

【例 7-33】 承[例 7-32],20×2 年 12 月 31 日,华信公司计提长期借款利息。公司编制如下会计分录:

借:财务费用　　　　　　　　　　　　　　　　　　　　　　　　　　12 000
　　贷:长期借款——应计利息　　　　　　　　　　　　　　　　　　12 000

(三) 归还长期借款

【例 7-34】 承[例 7-32]和[例 7-33],20×5 年 11 月 30 日,华信公司偿还上述借款本息。公司编制如下会计分录:

借:财务费用　　　　　　　　　　　　　　　　　　　　　　　　　　12 000
　　长期借款——本金　　　　　　　　　　　　　　　　　　　　　　2 000 000
　　　　　　——应计利息　　　　　　　　　　　　　　　　　　　　420 000
　　贷:银行存款　　　　　　　　　　　　　　　　　　　　　　　　　2 432 000

同步训练

1. 20×2 年佳佳公司发生有关应付票据业务如下:

(1) 6 月 5 日,佳佳公司从乙公司购入 A 材料一批,价款 100 000 元,增值税额 13 000 元,材料已运到,并验收入库,款项尚未支付,原材料按实际成本计价。

(2) 6 月 10 日,佳佳公司开出为期 3 个月的面值 113 000 元的银行承兑汇票一张,抵付前欠的货款。

(3) 8 月 10 日,票据到期,佳佳公司因资金周转困难,无力支付上述票款,并已接到银行转来的"××号汇票无力支付转入逾期贷款账户"等有关凭证。

(4) 8 月 20 日,佳佳公司从 B 公司购入乙材料一批,货款 40 000 元,增值税额 5 200 元,当日签发一张为期 3 个月面值为 45 200 元的银行承兑汇票予以结算,并支付承兑手续费 160 元,取得增值税专用发票注明税额 9.6 元。材料已经验收入库,采用实际成本核算。3 个月后到期,佳佳公司支付货款。

要求:编制佳佳公司以上经济业务的会计分录。

2. 俊荣公司职工工资采用在银行设立职工个人工资账户形式发放,职工福利按实际发生额分配。20×2年9月,该公司发生有关工资薪酬的经济业务如下:

(1) 根据工资结算汇总表结算本月的应付工资总额360 000元,公司从工资中扣除为职工代垫的医药费5 000元,代扣职工个人所得税15 000元,实发工资340 000元,转入职工个人工资账户。

(2) 根据职工的实际情况以现金向职工支付生活困难补助8 000元,其中,生产工人5 000元、车间管理人员2 000元、企业行政管理人员1 000元。

(3) 根据工资费用分配表分配本月应付工资总额360 000元,其中,生产工人工资285 000元,车间管理人员工资35 000元,企业行政管理人员工资22 000元,专设销售机构人员工资18 000元。

(4) 根据工资费用分配表按16%计算职工基本养老保险费。

(5) 本公司共有职工100人,其中,生产工人85人,车间管理人员6人,企业行政管理人员4人,专设销售机构人员5人。月末将生产的100台A产品作为国庆福利发放给职工(每人1台),该产品的单位市场售价为400元(不含税),适用的增值税税率为13%。

要求:编制俊荣公司有关工资薪酬业务的会计分录。

3. 20×2年1月1日,常安公司借入固定资产投资款5 000 000元,期限2年,借款利率为6%。借款合同规定每年年底归还借款利息,借款期满归还本金。款项借入后即用于工程建设,并于20×2年12月31日竣工验收后交付使用,20×2年年底计息并支付利息。

要求:编制常安公司20×2年借款存入银行、计提并支付借款利息的会计分录。

项目八　所有者权益

 **项目描述**

所有者权益是指企业资产扣除负债后由所有者享有的剩余权益,其金额是企业全部资产减去负债后的余额。所有者权益按其来源,分为所有者投入的资本、直接计入所有者权益的利得和损失以及留存收益等。所有者权益具体包括实收资本(股本)、资本公积、其他综合收益、盈余公积和未分配利润,其中,盈余公积和未分配利润统称为留存收益。本项目重点介绍实收资本、资本公积和留存收益的有关内容。

 **学习目标**

知识目标
1. 理解所有者权益的内容以及与债权人权益的区别。
2. 掌握实收资本、资本公积和留存收益的核算。

能力目标
1. 能够正确核算一般企业实收资本和股份有限公司股本。
2. 能够正确核算资本公积。
3. 能够正确核算盈余公积。
4. 能够正确核算未分配利润。

素质目标
1. 培养学生"大众创业、万众创新"的创新创业意识。
2. 培养法治意识,做到遵纪守法、廉洁自律。
3. 培养沟通协作意识、会计职业判断能力。

 **案例导入**

注册会计师小华在对某上市公司审计时发现:2016年1月1日,该公司所有者权益的构成如下:股本3 000万股(每股1元),资本公积金5 600万元(其中,股本溢价5 500万元,其他资本公积金100万元)、盈余公积1 000万元,未分配利润800万元。2016年4月召开股东大会,以留存收益转增资本金1 000万股,公司直接冲减盈余公积;经批准增发普通股500万股,每股5元,支付手续费60万元,计入财务费用。注册会计师小华认为该公司会计处理不符合《企业会计准则》,建议更改。

案例中,公司用留存收益转增资本金和股票发行费用应如何进行会计处理?

知识导航

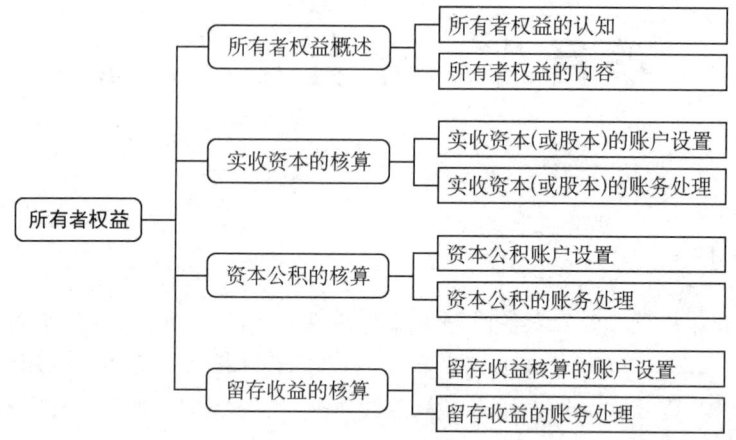

任务一　所有者权益概述

一、所有者权益的认知

所有者权益是企业所有者享有的部分,既可反映投资人投入资本的保值增值部分,又体现保护债权人权益的理念。

所有者权益和负债虽然都是权益,共同构成企业的资金来源,都对企业的资产具有要求权,但所有者权益和负债是有区别的。所有者权益与负债的区别,如表 8-1 所示。

表 8-1　　　　　　　　　　　所有者权益与负债对比表

区别	所有者权益	负债
对象不同	投资人	债权人
性质不同	投资者对投入的资本及资本的运用所产生的结果的权利	在经营或其他事项中发生的债务,是债权人对其债务的权利
享受的权利不同	参与经营管理	收回本金利息
偿还期限不同	一般不能收回投资	特定日期或确定的日期偿还
风险不同	收益具有不确定性,风险较大	一般能收回本金和利息,风险较小

二、所有者权益的内容

我国《企业会计准则》规定,所有者权益包括所有者投入的资本、直接计入所有者权益的利得和损失、留存收益等,通常由下列五部分构成。

(一) 实收资本(或股本)

实收资本是由所有者投入企业的注册资本。注册资本是指企业在工商行政管理部门登记的,由投资者缴纳的出资额。股份有限公司的实收资本称为股本。

(二) 资本公积

资本公积是指投资者或他人(或单位)投入企业,出资额超出其在注册资本(或股本)中所占份额的部分,所有权归属于投资者共同所有。在我国,资本公积包括资本溢价(或股本溢价)和其他资本公积等。

(三) 其他综合收益

其他综合收益是指企业根据企业会计准则的规定,未在当期损益中确认的各项利得和损失,在以后的会计期内满足规定条件将计入损益。

(四) 盈余公积

盈余公积是企业按税后利润的一定比例提取的积累基金。

(五) 未分配利润

未分配利润是企业未确定用途,留待以后年度分配的利润。

盈余公积和未分配利润都是历年实现的净利润留存于企业,因此又称留存收益。

任务二　实收资本的核算

知识课堂

实收资本是指企业按照章程规定或合同、协议约定,接受投资者投入企业的资本。实收资本的构成比例,是确定所有者在企业所有者权益中所占份额的基础,也是企业进行利润或股利分配的主要依据。对股份有限公司而言,实收资本又称股本,即发起人按照合同或协议约定投入的资本和社会公众在公司发行股票时认购股票缴入的资本,其在金额上等于股份面值和股份总额的乘积。

一、实收资本(或股本)的账户设置

(1)"实收资本"账户。"实收资本"账户属于所有者权益类账户,用于核算企业实际收到的投资者投入资本的情况。其账户结构如图 8-1 所示。

借方	实收资本	贷方
本期减少额:企业按照法定程序报经批准减少的注册资本额	本期增加额:① 企业收到投资者符合注册资本的出资额 ② 资本公积转增的资本金 ③ 盈余公积转增的资本金	
	期末余额:企业实有的资本金	

图 8-1　"实收资本"账户结构

企业一般按投资者设置明细账进行明细分类核算。

（2）"股本"账户。"股本"账户属于所有者权益类账户,用于核算股份有限公司股本情况。其账户结构如图8-2所示。

借方	股本	贷方
本期减少额:经批准核销的股票面值	本期增加额:已发行的股票面值	
	期末余额:反映企业发行在外的股票面值	

图8-2 "股本"账户结构

企业一般按股票的类别设置明细账进行明细分类核算。

二、实收资本(或股本)的账务处理

1. 一般企业实收资本的账务处理

（1）接受现金资产投资。企业收到投资者以现金资产投入的资本时,应以实际收到的金额或存入企业开户银行的金额,借记"银行存款"等账户,按投资合同或协议约定的投资者在企业注册资本中所占份额的部分,贷记"实收资本"账户,企业实际收到或存入开户银行的金额超过投资者在企业注册资本中所占份额的部分,贷记"资本公积——资本溢价"账户。

【例8-1】 甲、乙、丙共同投资设立华美有限责任公司(以下简称"华美公司"),注册资本为20 000 000元,甲、乙、丙持股比例分别为60％、25％和15％。按照章程规定。甲、乙、丙投入资本分别为12 000 000元、5 000 000元和3 000 000元。华信公司如期收到各投资者一次缴足的款项。公司编制如下会计分录:

```
借:银行存款                                    20 000 000
    贷:实收资本——甲                          12 000 000
              ——乙                           5 000 000
              ——丙                           3 000 000
```

（2）接受非现金资产投资。企业收到以实物资产、无形资产等非现金资产投资时,应按投资合同或协议约定价值(不公允的除外),借记"原材料""库存商品""固定资产""无形资产"等账户,取得增值税专用发票的,按发票上注明的增值税额,借记"应交税费——应交增值税(进项税额)"账户,按投资合同或协议约定的投资者在企业注册资本中所占份额的部分,贷记"实收资本"账户,投资合同或协议约定的价值(不公允的除外)超过投资者在企业注册资本或股本中所占份额的部分,贷记"资本公积——资本溢价"账户。

【例8-2】 华信公司收到华夏公司投入的一批原材料,华夏公司开具的增值税专用发票上注明价款100 000元,增值税额13 000元,华信公司全部作为实收资本入账。合同约定的价值与公允价值相符,不考虑其他因素,原材料按实际成本核算。公司编制如下会计分录:

```
借:原材料                                       100 000
    应交税费——应交增值税(进项税额)              13 000
    贷:实收资本——华夏公司                      113 000
```

2. 股份有限公司股本的账务处理

股份有限公司发行股票时,既可以按面值发行股票,又可以溢价发行。股份有限公司在核定的股本总额及核定的股份总额的范围内发行股票时,应在实际收到现金资产时进行会计处理。股份有限公司发行股票收到现金资产时,借记"银行存款"等账户,按每股股票面值和发行股份总数的乘积计算的金额,贷记"股本"账户,按实际收到的金额与该股本之间的差额,贷记"资本公积——股本溢价"账户。

股份有限公司溢价发行股票发生的手续费、佣金等交易费用,应从溢价中抵扣,冲减"资本公积——股本溢价"账户;溢价不足支付手续费的情况下,应在抵扣溢价后,不足抵扣部分依次冲减"盈余公积"和"利润分配——未分配利润"账户;面值发行的情况下,股票发行的手续费、佣金依次冲减盈余公积、未分配利润。

【例8-3】 20×2年6月5日,东美股份有限公司委托证券公司发行股票1 000万股,每股面值1元,发行价格每股2元。经双方协定,按发行收入的5%支付手续费。公司编制如下会计分录:

借:银行存款   19 000 000
　　贷:股本   10 000 000
　　 资本公积——股本溢价   9 000 000

一般情况下,企业的实收资本应相对固定不变,但在某些特定情况下,实收资本也可能发生增减变化。我国《企业法人登记管理条例施行细则》规定,除国家另有规定,企业的注册资金应当与实收资本相一致,当实收资本比原注册资金增加或减少超过20%时,应持资金使用证明或者验资证明,向原登记主管机关申请变更登记。

任务三　资本公积的核算

一、"资本公积"账户设置

"资本公积"账户属于所有者权益类账户,用于核算企业资本公积的增减变动情况。其账户结构如图8-3所示。

借方	资本公积	贷方
本期减少额:转增实收资本数		本期增加额:① 收到投资者出资额超出其在注册资本中所占份额部分 ② 直接计入所有者权益的利得
		期末余额:企业资本公积结余额

图8-3　"资本公积"账户结构

企业一般按资本公积的类别设置明细账进行明细分类核算。

二、资本公积的账务处理

（一）资本溢价

企业设立时，投资者认缴的出资额与注册资本一致，一般不会产生资本溢价。但在企业重组或有新的投资者加入时，常常会出现资本溢价。新加入的投资者付出的大于原投资者的出资额部分计入资本溢价。

【例 8-4】 华信公司为扩大经营规模引入新的投资者。按照投资协议，华强公司缴入现金 110 000 元。华信公司收到投资并确认实收资本 10 000 元。公司编制如下会计分录：

借：银行存款　　　　　　　　　　　　　　　　　　　　110 000
　　贷：实收资本　　　　　　　　　　　　　　　　　　　100 000
　　　　资本公积——资本溢价　　　　　　　　　　　　　 10 000

（二）资本公积转增资本

经股东大会或类似机构决议，用资本公积转增资本时，应冲减资本公积，同时按照转增资本前的实收资本（或股本）的结构或比例，将转增的金额记入"实收资本"（或"股本"）账户下各所有者的明细分类账户。

【例 8-5】 承[例 8-1]，华美公司因扩大经营规模需要，经批准按原出资比例（甲公司 60%、乙公司 25%、丙公司 15%）将资本公积 1 000 000 元转增资本。公司编制如下分录：

借：资本公积——资本溢价　　　　　　　　　　　　　1 000 000
　　贷：实收资本——甲　　　　　　　　　　　　　　　 600 000
　　　　　　　　——乙　　　　　　　　　　　　　　　 250 000
　　　　　　　　——丙　　　　　　　　　　　　　　　 150 000

玉林公司由甲、乙两位股东各投资 50 万元设立，经过 3 年的努力，所有者权益总额已达 240 万元，现有丙投资者愿意加入该公司，并出资 80 万元享有该公司 20% 的股权，甲、乙表示同意，则丙投资者投入资金应计入资本公积的金额为（　　）万元。

A. 20　　　　B. 25　　　　C. 55　　　　D. 60

任务四　留存收益的核算

留存收益是指企业从历年实现的利润中提取或留存于企业内部的积累。它来源于企业

的生产经营活动所实现的利润,包括企业的盈余公积和未分配利润两个部分。

(1) 盈余公积。盈余公积是指企业按照有关规定从净利润中提取的积累资金。公司制企业的盈余公积包括法定盈余公积和任意盈余公积。法定盈余公积是指企业按照规定的比例从净利润(减以前年度亏损)中提取的盈余公积。公司制企业按10%的比例提取法定盈余公积;非公司制企业可以按超过10%的比例提取法定盈余公积。法定盈余公积累计额已达注册资本的50%时,可以不再提取。任意盈余公积是指企业经股东大会或类似机构批准按照规定的比例从净利润中提取的盈余公积。任意盈余公积的提取比例由企业自行决定。

(2) 未分配利润。未分配利润是指企业实现的净利润经过弥补亏损、提取盈余公积和向投资者分配利润后留存在企业的、历年结存的利润。相对于所有者权益的其他部分来说,企业对于未分配利润的使用有较大的自主权。

可供分配利润＝当年实现的净利润(或净亏损)＋年初未分配利润(或一年初未弥补亏损)＋其他转入

知识拓展

> 非公司制企业的法定盈余公积的提取比例可超过净利润的10%,经类似权力机构批准,也可提取任意盈余公积。

一、留存收益核算的账户设置

1. "盈余公积"账户

"盈余公积"账户属于所有者权益类账户,用于核算盈余公积的形成和使用情况。其账户结构如图8-4所示。

借方	盈余公积	贷方
本期减少额:① 转增实收资本数 ② 盈余公积弥补亏损数 ③ 发放现金股利或利润数	本期增加额:按规定提取的盈余公积数	
	期末余额:企业盈余公积结余额	

图8-4 "盈余公积"账户结构

企业应按照盈余公积形成的来源分设"法定盈余公积"和"任意盈余公积"两个明细账户。

2. "利润分配"账户

"利润分配"账户属于所有者权益类账户,用于核算企业利润的分配(或亏损的弥补)和历年分配(或弥补)后的未分配利润(或未弥补亏损)。其账户结构如图8-5所示。

企业一般按"提取法定盈余公积""提取任意盈余公积""应付现金股利或利润""盈余公积补亏"和"未分配利润"等设置明细账进行明细分类核算。

借方	利润分配	贷方
本期减少额：① 利润的已分配数额 ② "本年利润"账户转入的净亏损		本期增加额："本年利润"账户转入的净利润
期末余额：企业历年未弥补亏损		期末余额：企业历年未分配利润

图 8-5 "利润分配"账户结构

二、留存收益的账务处理

1. 盈余公积

企业当年实际的净利润，在弥补以前年度亏损后，按规定提取盈余公积。企业提取盈余公积时，借记"利润分配——提取法定盈余公积""利润分配——提取任意盈余公积"等账户，贷记"盈余公积——法定盈余公积""盈余公积——任意盈余公积"账户。

盈余公积转增资本时，借记"盈余公积——法定盈余公积""盈余公积——任意盈余公积"账户，贷记"实收资本"或"股本"账户。

企业发生的亏损，5年内的可在盈利后用税前利润弥补；对按规定不能用税前利润弥补的亏损，则应用税后利润弥补；税后利润仍不足弥补的，经董事会、股东大会或类似机构批准，可用盈余公积弥补。弥补亏损时，借记"盈余公积——法定盈余公积""盈余公积——任意盈余公积"账户，贷记"利润分配——盈余公积补亏"账户。

经股东大会或类似权力机构决议，可用盈余公积分派现金股利或利润。借记"盈余公积——法定盈余公积""盈余公积——任意盈余公积"账户，贷记"应付股利""应付利润"账户。

【例 8-6】 华信公司本年实现净利润为 500 000 元，年初未分配利润 1 000 000 元。经批准，按当年净利润的 10% 提取法定盈余公积。假定不考虑其他因素。公司编制如下会计分录：

    借：利润分配——提取法定盈余公积   50 000
        贷：盈余公积——法定盈余公积   50 000

【例 8-7】 承[例 8-1]，华美公司因扩大经营规模需要，经批准按原出资比例将盈余公积 500 000 元转增资本。公司编制如下会计分录：

    借：盈余公积   500 000
        贷：实收资本——甲   300 000
               ——乙   125 000
               ——丙   75 000

【例 8-8】 经股东大会批准，东美股份有限公司用以前年度提取的盈余公积弥补当年亏损 600 000 元。公司编制如下会计分录：

    借：盈余公积   600 000
        贷：利润分配——盈余公积补亏   600 000

2. 未分配利润

未分配利润通过"利润分配——未分配利润"账户核算,年终结转全年实现的净利润及当年已分配的利润,自"本年利润"账户转入"利润分配——未分配利润"账户,并将"利润分配"账户下的其他有关明细账户的余额,转入"未分配利润"明细账户。结转后,"利润分配"账户除了未分配利润,其他明细账户都没有余额。

【例8-9】 华信公司根据董事会决议宣告发放现金股利400 000元。假定不考虑其他因素,公司编制如下会计分录:

借:利润分配——应付现金股利　　　　　　　　　　　　　　　300 000
　　贷:应付股利　　　　　　　　　　　　　　　　　　　　　　300 000

【例8-10】 承[例8-6]和[例8-9],华信公司年末结转"本年利润"和"利润分配"账户。公司编制如下会计分录:

(1)结转本年利润时:

借:本年利润　　　　　　　　　　　　　　　　　　　　　　　500 000
　　贷:利润分配——未分配利润　　　　　　　　　　　　　　　500 000

(2)结转利润分配各明细账余额时:

借:利润分配——未分配利润　　　　　　　　　　　　　　　　350 000
　　贷:利润分配——提取法定盈余公积　　　　　　　　　　　　50 000
　　　　　　——应付现金股利　　　　　　　　　　　　　　　300 000

考一考

某公司年初未分配利润1 000万元,当年实现净利润500万元,按10%提取法定盈余公积,5%提取任意盈余公积,宣告发放现金股利100万元,不考虑其他因素,该公司年末未分配利润为(　　)万元。

A. 1 450　　　　B. 1 475　　　　C. 1 325　　　　D. 1 400

同步训练

惠施公司为有限责任公司,发生有关所有者权益的经济业务如下:

(1)惠施公司由昌东、昌西和昌南三家公司投资设立,货币投资额分别为昌东公司800 000元、昌西公司700 000元和昌南公司500 000元,均已存入银行。

(2)经过3年的生产经营运作,第三年年末的所有者权益总额为5 000 000元。因公司经营前景广阔,经协商并一致同意昌北公司出资1 300 000元,持有惠施公司20%的股份份额,该款项已存入惠施公司银行账户。

(3)第四年年末,公司有可供分配的利润1 500 000元,根据股东会决议,按股份份额向投资者分配现金股利600 000元。

(4)第五年年末,经股东会决议,公司按股份份额用法定盈余公积转增资本300 000元。

要求:编制惠施公司有关所有者权益的会计分录。

项目九 收入、费用和利润

 **项目描述**

利润是指企业在一定时期内生产经营活动的最终财务成果,是收入和费用经过配比和抵销后的差额,是反映经营成果的最终要素。收入、费用和利润是构成企业利润表的三项会计要素。本项目重点介绍收入、费用和利润的基本概念、基本内容及其主要的会计核算。

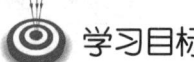 **学习目标**

知识目标
1. 了解收入的分类和范围,理解收入的确认与计量。
2. 掌握收入的核算。
3. 掌握费用的核算。
4. 理解营业外收支的主要内容及核算。
5. 掌握利润形成、所得税费用、利润分配以及年终结转的核算。

能力目标
1. 能够正确核算某一时点履行的履约义务确认收入。
2. 能够正确核算某一时段内履行的履约义务确认收入。
3. 能够正确核算期间费用。
4. 能够正确核算营业外收支、营业利润、利润总额和净利润。
5. 能够正确核算所得税费用。

素质目标
1. 树立制造业是立国之本、强国之基信念,增强爱国情怀。
2. 培养依法纳税意识,做到遵纪守法、廉洁自律。
3. 培养严谨细致的工匠精神,具备收入、费用和利润核算岗位的基本素养。

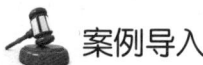 **案例导入**

2020年4月2日,在纳斯达克上市的瑞幸咖啡发布公告,承认虚假交易22亿元人民币,股价暴跌80%,盘中数次暂停交易。4月3日,中国证监会高度关注瑞幸咖啡财务造假事件,对该公司财务造假行为表示强烈的谴责。4月27日,证监会调查组已入驻瑞幸咖啡。5月19日,瑞幸咖啡被要求从纳斯达克退市,申请举行听证会。6月29日,瑞幸咖啡正式停牌,并进行退市备案。11月17日,受到证监会处罚。

(摘自中华网2020年4月3日证监会谴责瑞幸咖啡财务造假行为)

案例中,瑞幸咖啡虚假交易涉及哪些会计要素?

知识导航

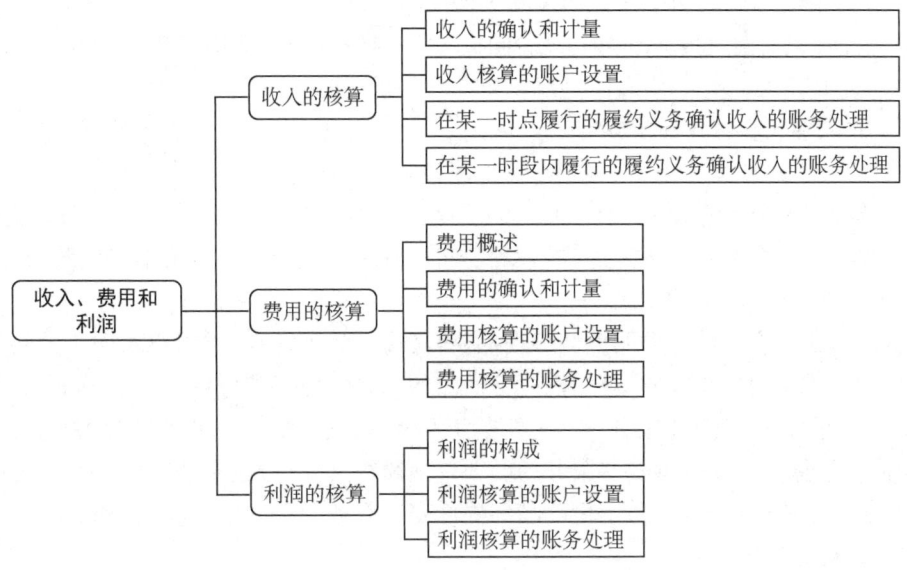

任务一 收入的核算

知识课堂

一、收入的确认和计量

(一) 收入确认的原则

企业应当在履行了合同中的履约义务,即在客户取得相关商品控制权时确认收入。取得相关商品控制权,是指客户能够主导该商品的使用并从中获得几乎全部经济利益,也包括有能力阻止其他方主导该商品的使用并从中获得经济利益。

知识拓展

> 取得商品控制权包括三个要素:一是客户必须拥有现时权利,能够主导该商品的使用并从中获得几乎全部经济利益。二是客户有能力主导该商品的使用,即客户在其活动中有权使用该商品,或者能够允许或阻止其他方使用该商品。三是客户能够获得几乎全部的经济利益。

(二) 收入确认的前提条件

企业与客户之间的合同同时满足下列五项条件的,在客户取得相关商品控制权时确认收入:

(1) 合同各方已批准该合同并承诺将履行各自义务。
(2) 该合同明确了合同各方与所转让商品相关的权利和义务。
(3) 该合同有明确的与所转让商品相关的支付条款。
(4) 该合同具有商业实质,即履行该合同将改变企业未来现金流量的风险、时间分布或金额。
(5) 企业因向客户转让商品而有权取得的对价很可能收回。

(三) 收入确认和计量的步骤

1. 识别与客户订立的合同

合同的存在是企业确认客户合同收入的前提,企业与客户之间的合同一经签订,企业即享有从客户取得与转移商品和服务对价的权利,同时负有向客户转移商品和服务的履约义务。

2. 识别合同中的单项履约义务

企业应当将向客户转让可明确区分商品(或者商品的组合)的承诺以及向客户转让一系列实质相同且转让模式相同的、可明确区分商品的承诺作为单项履约义务。例如,企业与客户签订销售合同并提供安装服务,若该安装服务简单,其他供应商也可以提供此类安装服务,该合同中销售商品和提供安装服务为两项单项履约义务;若该安装服务复杂且商品需要按客户定制要求修改,则合同中销售商品和提供安装服务合并为单项履约义务。

3. 确定交易价格

交易价格是指企业因向客户转让商品而预期有权收取的对价金额,不包括企业代第三方收取的款项(如增值税)以及企业预期将退还给客户的款项。合同条款所承诺的对价,可能是固定金额、可变金额或两者兼有。

例如,华美公司为其客户建造一栋厂房,合同约定的价款为500万元,若不能在合同签订之日起的200天内竣工,则须支付50万元罚款。因此,该合同存在450万元的固定价格和50万元的可变对价。如果上述合同中规定该50万元罚款可从合同价款中扣除,公司估计工程按时完工的概率为95%,工程延期的概率为5%,则华美公司按照最可能发生金额500万元确认为交易价格。

4. 将交易价格分摊至各单项履约义务

当合同中包含两项或多项履约义务时,需要将交易价格分摊至各单项履约义务,分摊的方法是在合同开始日,按照各单项履约义务所承诺商品的单独售价(企业向客户单独销售商品的价格)的相对比例,将交易价格分摊至各单项履约义务。

5. 履行各单项履约义务时确认收入

当企业将商品转移给客户,客户取得了相关商品的控制权,意味着企业履行了合同履约义务,此时,企业应确认收入。

考一考

甲公司与乙公司签订合同,向乙公司销售 E、F 两种产品,不含增值税的合同总价款为3万元。E、F 产品不含增值税的单独售价分别为2.2万元和1.1万元。该合同包含两项可明确区分的履约义务。不考虑其他因素,按照交易价格分摊原则,E 产品应分摊的交易价格为(　　)万元。

A. 2　　　　　　B. 1　　　　　　C. 2.2　　　　　　D. 1.1

二、收入核算的账户设置

(一)"主营业务收入"账户

"主营业务收入"账户属于损益类账户,用于核算企业确认的销售商品、提供服务等主营业务的收入。其账户结构如图9-1所示。

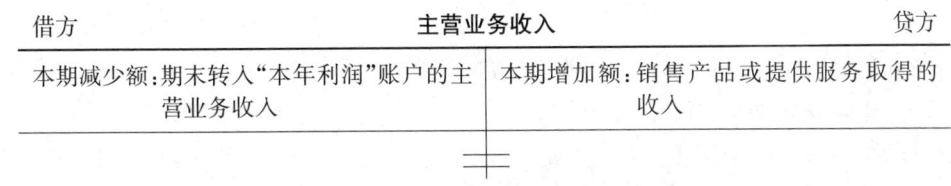

图9-1 "主营业务收入"账户结构

企业一般按主营业务的种类设置明细账进行明细分类核算。

(二)"主营业务成本"账户

"主营业务成本"属于损益类账户,用于核算企业确认的销售商品、提供服务等主营业务收入时应结转的成本。其账户结构如图9-2所示。

借方	主营业务成本	贷方
本期增加额:销售各种商品、提供各种服务的实际成本		本期减少额:期末转入"本年利润"账户的主营业务成本

图9-2 "主营业务成本"账户结构

企业一般按主营业务的种类设置明细账进行明细分类核算。

(三)"其他业务收入"账户

"其他业务收入"账户属于损益类账户,用于核算企业确认的主营业务活动以外的其他经营活动实现的收入。其账户结构如图9-3所示。

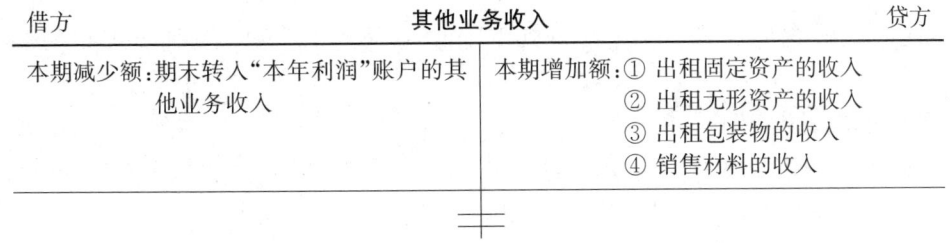

图9-3 "其他业务收入"账户结构

企业一般按其他业务的种类设置明细账进行明细分类核算。

(四)"其他业务成本"账户

"其他业务成本"账户属于损益类账户,用于核算企业确认的主营业务活动以外的其他经营活动所形成的成本。其账户结构如图9-4所示。

借方	其他业务成本	贷方
本期增加额：① 出租固定资产的折旧额 ② 出租无形资产的摊销额 ③ 出租包装物的摊销额 ④ 已销售材料的成本		本期减少额：期末转入"本年利润"账户的其他业务成本

图 9-4 "其他业务成本"账户结构

企业一般按其他业务的种类设置明细账进行明细分类核算。

(五)"合同取得成本"账户

"合同取得成本"账户属于资产类账户，用于核算企业取得合同发生的、预计能够收回的增量成本。其账户结构图 9-5 所示。

借方	合同取得成本	贷方
本期增加额：发生的合同取得成本		本期减少额：摊销的合同取得成本
期末余额：企业尚未结转的合同取得成本		

图 9-5 "合同取得成本"账户结构

企业一般按合同进行明细分类核算。

(六)"合同履约成本"账户

"合同履约成本"账户用于核算企业为履行合同所发生的按照收入准则确认的一项资产的成本。其账户结构图 9-6 所示。

借方	合同履约成本	贷方
本期增加额：发生的合同履约成本		本期减少额：摊销的合同履约成本
期末余额：企业尚未结转的合同履约成本		

图 9-6 "合同履约成本"账户结构

企业一般按合同分别设置"服务成本"和"工程施工"等明细账户进行明细分类核算。

(七)"合同资产"账户

"合同资产"账户属于资产类账户，用于核算企业已向客户转让商品而有权收取对价的权利，且该权利取决于时间流逝之外的其他因素。其账户结构如图 9-7 所示。

借方	合同资产	贷方
本期增加额：因已转让商品而有权收取的对价金额		本期减少额：取得无条件收款权的金额
期末余额：企业已向客户转让商品而有权收取的对价金额		

图 9-7 "合同资产"账户结构

企业一般按合同设置明细账进行明细分类核算。

(八)"合同负债"账户

"合同负债"账户属于负债类账户,用于核算企业已收或应收客户对价而应向客户转让商品的义务。其账户结构如图9-8所示。

借方	合同负债	贷方
本期减少额:企业向客户转让商品时冲销的金额		本期增加额:企业在向客户转让商品之前,已经收到或已经取得无条件收取合同对价权利的金额
		期末余额:企业在向客户转让商品之前,已经收到的合同对价或已经取得的无条件收取合同对价权利的金额

图9-8 "合同负债"账户结构

企业一般按合同设置明细账进行明细分类核算。

(九)"发出商品"账户

"发出商品"账户属于资产类账户,用于核算采用一般销售方式已经发出但尚未确认销售收入的商品成本。其账户结构如图9-9所示。

借方	发出商品	贷方
本期增加额:已经发出但尚未确认销售收入的商品成本		本期减少额:发出商品确认收入结转的成本或退回的商品成本
期末余额:发出商品的成本		

图9-9 "发出商品"账户结构

企业一般按商品种类设置明细账进行明细分类核算。

(十)"受托代销商品"账户

"受托代销商品"账户属于资产类账户,用于核算受托方收到的受托代销商品的成本。其账户结构如图9-10所示。

借方	受托代销商品	贷方
本期增加额:收到的受托代销商品成本		本期减少额:受托方销售后结转的受托代销商品成本
期末余额:受托方未销售的受托代销商品成本		

图9-10 "受托代销商品"账户结构

企业一般按委托单位设置明细账进行明细分类核算。

(十一)"受托代销商品款"账户

"受托代销商品款"账户属于负债类账户,用于核算受托方收到代销商品尚未结算的货款。其账户结构如图9-11所示。

借方	受托代销商品款	贷方
本期减少额:售出商品后结算的代销商品款	本期增加额:收到代销商品未结算货款	
	期末余额:尚未结算的代销商品款	

图 9-11 "受托代销商品款"账户结构

企业一般按委托单位设置明细账进行明细分类核算。

三、在某一时点履行的履约义务确认收入的账务处理

对于在某一时点履行的履约义务,企业应当在客户取得相关商品控制权时确认收入。

(一) 一般销售商品业务的账务处理

确认销售商品收入时,应按实际收到或应收的金额,借记"银行存款""应收账款""应收票据"等账户,按实现的销售收入金额,贷记"主营业务收入"等账户,按增值税专用发票上注明的增值税额,贷记"应交税费——应交增值税(销项税额)"账户;同时或月末,按销售商品的实际成本,借记"主营业务成本"账户,贷记"库存商品"账户。

【例 9-1】 华信公司向华美公司销售一批商品,开具的增值税专用发票上注明售价 500 000 元,增值税额 65 000 元;华信公司收到华美公司开出的不带息商业承兑汇票一张,票面金额 339 000 元,期限 3 个月;该批商品成本 350 000 元;华美公司收到商品并验收入库。公司编制如下会计分录:

(1) 确认收入时:

借:应收票据　　　　　　　　　　　　　　　　　　　　　　565 000
　　贷:主营业务收入　　　　　　　　　　　　　　　　　　　500 000
　　　　应交税费——应交增值税(销项税额)　　　　　　　　 65 000

(2) 结转商品销售成本时:

借:主营业务成本　　　　　　　　　　　　　　　　　　　　350 000
　　贷:库存商品　　　　　　　　　　　　　　　　　　　　　350 000

(二) 发出商品业务的账务处理

企业向客户转让商品的对价未达到"很可能收回"收入确认条件,在发出商品时,不应确认收入,借记"发出商品"账户,贷记"库存商品"账户;如已发出的商品被客户退回,应编制相反的会计分录。当收到货款或取得收款权利时确认收入,借记"银行存款""应收账款"等账户,贷记"主营业务收入""应交税费——应交增值税(销项税额)"等账户;同时或月末结转已销商品成本,借记"主营业务成本"账户,贷记"发出商品"账户。

1. 企业向客户转让商品的对价未达到"很可能收回"收入确认条件

【例 9-2】 20×2 年 5 月 10 日,华信公司向华美公司销售一批商品,开出的增值税专用发票上注明的价款 300 000 元,增值税额 39 000 元,款项尚未收到;该批商品成本 200 000 元。华信公司在销售时已知华美公司资金周转发生困难,但为了减少存货积压,同时也为了维持与华美公司长期建立的商业合作关系,华信公司仍将商品发给华美公司。公司编制如下会计分录:

(1) 20×2年5月10日,发出商品时:

借:发出商品	200 000	
贷:库存商品		200 000

同时,增值税纳税义务已经发生时:

借:应收账款——华美公司	39 000	
贷:应交税费——应交增值税(销项税额)		39 000

(2) 20×2年5月20日,华美公司经营情况逐渐好转,承诺近期付款时:

借:应收账款——华美公司	300 000	
贷:主营业务收入		300 000

(3) 20×2年5月20日,结转商品成本时:

借:主营业务成本	200 000	
贷:发出商品		200 000

2. 委托代销商品

代销业务是指委托方和受托方签订协议,委托方将商品交付给受托方,受托方代委托方销售商品,委托方按协议价收取所代销货款的一种销售方式。

【例9-3】 20×2年10月8日,华信公司与华美公司签订代销协议:向华美公司销售商品100台,成本520元/台,华美公司按协议价800元/台(不含税)售给顾客,华信公司按协议价的10%向华美公司支付手续费(不考虑增值税)。12月1日,华美公司售出全部商品,开具的增值税专用发票上注明价款80 000元,增值税额10 400元。12月2日,华信公司收到华美公司交来的代销清单,并向华美公司开出一张金额相同的增值税专用发票。12月7日,华信公司收到华美公司支付的商品代销款。公司编制如下会计分录:

(1) 20×2年10月8日,将商品交付华美公司时:

借:发出商品	52 000	
贷:库存商品		52 000

(2) 20×2年12月2日,收到代销清单时:

借:应收账款——华美公司	90 400	
贷:主营业务收入		80 000
应交税费——应交增值税(销项税额)		10 400
借:主营业务成本	52 000	
贷:发出商品		52 000
借:销售费用——代销手续费	8 000	
贷:应收账款——华美公司		8 000

(3) 20×2年12月7日,收到商品代销款时:

借:银行存款	82 400	
贷:应收账款——华美公司		82 400

本例中,受托方华美公司编制如下会计分录:

(1) 20×2年10月8日,收到代销商品时:

借:受托代销商品　　　　　　　　　　　　　　　　　　　　　　　　80 000
　　贷:受托代销商品款　　　　　　　　　　　　　　　　　　　　　　　80 000

(2) 20×2年12月1日,实际销售商品时:

借:银行存款　　　　　　　　　　　　　　　　　　　　　　　　　　90 400
　　贷:受托代销商品　　　　　　　　　　　　　　　　　　　　　　　　80 000
　　　　应交税费——应交增值税(销项税额)　　　　　　　　　　　　　10 400
借:受托代销商品款　　　　　　　　　　　　　　　　　　　　　　　　80 000
　　贷:应付账款——华信公司　　　　　　　　　　　　　　　　　　　　80 000

(3) 20×2年12月2日,收到华信公司开具的增值税专用发票时:

借:应交税费——应交增值税(进项税额)　　　　　　　　　　　　　　10 400
　　贷:应付账款——华信公司　　　　　　　　　　　　　　　　　　　　10 400

(4) 20×2年12月7日,向华信公司结算代销商品款时:

借:应付账款——华信公司　　　　　　　　　　　　　　　　　　　　90 400
　　贷:银行存款　　　　　　　　　　　　　　　　　　　　　　　　　　82 400
　　　　其他业务收入　　　　　　　　　　　　　　　　　　　　　　　　8 000

1. 下列各项中,企业发出不满足收入确认条件的商品成本应借记(　　)账户。
A."主营业务成本"　　　　　　　　B."发出商品"
C."其他业务成本"　　　　　　　　D."库存商品"

2. 采用支付手续费委托代销方式时,下列各项中,委托方在收到受托方开出的代销清单时应将支付的代销手续费记入(　　)账户。
A."销售费用"　　　　　　　　　　B."财务费用"
C."其他业务成本"　　　　　　　　D."管理费用"

(三) 销售材料业务的账务处理

企业销售原材料、包装物等存货实现的收入应作为其他业务收入处理,结转的相关成本作为其他业务成本处理。

【例9-4】 华信公司向华美公司销售一批原材料,开具的增值税专用发票上注明价款30 000元,增值税额3 900元;该批原材料的实际成本20 000元;华信公司收到华美公司支付的款项存入银行。华美公司收到原材料并验收入库。公司编制如下会计分录:

(1) 销售材料确认收入时:

借:银行存款　　　　　　　　　　　　　　　　　　　　　　　　　　33 900
　　贷:其他业务收入　　　　　　　　　　　　　　　　　　　　　　　　30 000
　　　　应交税费——应交增值税(销项税额)　　　　　　　　　　　　　3 900

(2) 结转材料销售成本时：

借：其他业务成本　　　　　　　　　　　　　　　　　　　　　　　20 000
　　贷：原材料　　　　　　　　　　　　　　　　　　　　　　　　　　20 000

(四) 销售折让和销售退回的账务处理

1. 销售折让

销售折让是指企业因售出商品的质量不合格等原因而在售价上给予的减让。销售折让如发生在确认销售收入之前，应在确认销售收入时直接按扣除销售折让后的金额确认；已确认销售收入的售出商品发生销售折让，且不属于资产负债表日后事项的，应在发生时冲减当期销售商品收入，如按规定允许扣减增值税额的，还应冲减已确认的应交增值税销项税额。

【例9-5】 20×2年12月8日，华信公司销售一批商品给华美公司，增值税专用发票上注明价款300 000元，增值税额39 000元，该商品成本200 000元，货款尚未收到。12月29日，华美公司在验收时发现商品质量不合格，经双方协商同意在价格上给予10%的折让。华信公司开具红字增值税专用发票。公司编制如下会计分录：

(1) 20×2年12月8日，销售实现时：

借：应收账款——华美公司　　　　　　　　　　　　　　　　　　339 000
　　贷：主营业务收入　　　　　　　　　　　　　　　　　　　　　　300 000
　　　　应交税费——应交增值税（销项税额）　　　　　　　　　　　 39 000

同时或月末，结转商品销售成本时：

借：主营业务成本　　　　　　　　　　　　　　　　　　　　　　　200 000
　　贷：库存商品　　　　　　　　　　　　　　　　　　　　　　　　200 000

(2) 20×2年12月29日，发生销售折让时：

借：主营业务收入　　　　　　　　　　　　　　　　　　　　　　　 30 000
　　应交税费——应交增值税（销项税额）　　　　　　　　　　　　　 3 900
　　贷：应收账款——华美公司　　　　　　　　　　　　　　　　　　 33 900

2. 销货退回

销货退回是指企业售出的商品由于质量、品种不符合要求等原因而发生的退货。发生在企业确认收入之前的销货退回，由于企业尚未确认收入，只需将已记入"发出商品"账户的商品成本转回"库存商品"账户；如已确认收入的销货退回，不论是当年销售的，还是以前年度销售的，一般均应冲减退回当月的销售收入，同时冲减退回当月的销售成本。

【例9-6】 承[例9-5]，20×2年12月8日，华信公司销售资料，若12月29日，华美公司验收商品时发现该批商品质量有问题，将其全部退回，华信公司按规定开具了红字增值税专用发票。公司编制如下会计分录：

借：主营业务收入　　　　　　　　　　　　　　　　　　　　　　　300 000
　　应交税费——应交增值税（销项税额）　　　　　　　　　　　　 39 000
　　贷：应收账款——华美公司　　　　　　　　　　　　　　　　　 339 000

退回商品入库时：

借:库存商品 200 000
　　贷:主营业务成本 200 000

(五) 可变对价的账务处理

企业与客户的合同中约定的对价金额可能是固定的,也可能会因折扣、价格折让、返利、退款、奖励积分、激励措施、业绩奖金和索赔等因素而变化。

若合同中存在可变对价,企业应当对计入交易价格的可变对价进行估计。企业应当按照期望值或最可能发生金额确定可变对价的最佳估计数。期望值是按照各种可能发生的对价金额及相关概率计算确定的金额;最可能发生金额是一系列可能发生的对价金额中最可能发生的单一金额,即合同最可能产生的单一结果。

商业折扣是指企业为促进商品销售而在商品标价上给予的价格扣除。商业折扣在销售时即已发生,并不构成最终成交价格,因此,销售商品收入的金额不包括商业折扣,应按扣除商业折扣之后的净额入账。

现金折扣是指债权人为鼓励债务人在规定的期限内付款而向债务人提供的债务扣除。一般根据最可能发生的现金折扣率预测其有权获取的对价金额。

【例 9-7】 20×2 年 12 月 5 日,华信公司销售给华帝公司商品 10 000 件,每件商品的标价 30 元(不含增值税),每件成本 22 元,增值税税率 13%,规定的商业折扣 10%,现金折扣 "2/10、1/20、N/30",计算现金折扣时不考虑增值税。华帝公司收到商品并验收入库。华信公司基于对客户的了解,预计客户 10 天内付款的概率为 90%,超过 10 天 20 天内付款的概率为 5%,20 天后付款的概率为 5%。华信公司于 12 月 12 日收到货款。公司编制如下会计分录:

(1) 20×2 年 12 月 5 日,销售商品时:

借:应收账款——华帝公司 299 700
　　贷:主营业务收入 264 600
　　　　应交税费——应交增值税(销项税额) 35 100

借:主营业务成本 220 000
　　贷:库存商品 220 000

(2) 20×2 年 12 月 12 日,收到货款时:

借:银行存款 299 700
　　贷:应收账款——华帝公司 299 700

四、在某一时段内履行的履约义务确认收入的账务处理

对于在某一时段内履行的履约义务,企业应当在该段时间内按照履约进度确认收入,履约进度不能合理确定的除外。通常,企业按照累计实际发生的成本占预计总成本的比例确定履约进度。其具体计算公式如下:

本期确认收入＝合同的交易价格总额×履约进度－以前期间已确认收入

当履约进度不能合理确定时,企业已经发生的成本预计能够得到补偿的,应当按照已经发生的成本金额确认收入,直到履约进度能够合理确定为止。

(一) 合同成本

1. 合同取得成本

企业为取得合同发生的增量成本预期能够收回的,应作为合同取得成本确认为一项资产。

企业为取得合同发生的、预期能够收回的增量成本之外的其他支出,如无论是否取得合同均会发生的差旅费、投标费、为准备投标资料发生的相关费用等,应当在发生时计入当期损益,除非这些支出明确由客户承担。

企业对已确认为资产的合同取得成本,应当采用与该资产相关的商品收入确认相同的基础(即在履约义务履行的时点或按照履约义务的履约进度)进行摊销,计入当期损益。为简化实务操作,该资产摊销期限不超过 1 年的,可以在发生时计入当期损益。

> 增量成本是指企业不取得合同就不会发生的成本,如销售佣金,若预期可通过未来的相关服务收入予以补偿,该销售佣金(即增量成本)应在发生时确认为一项资产,即合同取得成本。

【例 9-8】 华莱公司是一家咨询公司,增值税一般纳税人,对外提供咨询服务适用的增值税税率为 6%。20×2 年,公司通过竞标赢得一个服务期为 5 年的客户,该客户每年年末支付咨询费 300 000 元。公司投标发生的差旅费 20 000 元,支付销售人员佣金 60 000 元。公司预期这些支出未来均能够收回。公司编制如下会计分录:

(1) 支付与取得合同相关的费用时:

```
借:合同取得成本                                60 000
   管理费用                                    20 000
   贷:银行存款                                         80 000
```

(2) 每月确认服务收入,摊销合同取得成本时:

```
借:应收账款                                    26 500
   贷:主营业务收入                                     25 000
      应交税费——应交增值税(销项税额)                   1 500
借:销售费用                                     1 000
   贷:合同取得成本                                      1 000
```

2. 合同履约成本

企业为履行合同可能会发生各种成本,企业在确认收入的同时应当对这些成本进行分析。

【例 9-9】 国新装修服务公司为增值税一般纳税人,适用增值税税率为 9%。20×2 年 12 月 1 日,接受一项设备安装任务,装修总价款 300 万元,安装期 3 个月,每月月末按完工进度收取装修费用。截至 12 月 31 日实际发生安装人员薪酬 100 万元,估计还将发生安装费用 150 万元,公司以实际发生的成本占估计总成本的比例确定履约进度;12 月 31 日,收取合同价款。公司编制如下会计分录：

(1) 20×2年实际发生合同履约成本时：

借：合同履约成本　　　　　　　　　　　　　　　　　　　　1 000 000
　　贷：应付职工薪酬　　　　　　　　　　　　　　　　　　　　　　1 000 000

(2) 20×2年12月31日，确认收入并结转合同履约成本时：

借：银行存款　　　　　　　　　　　　　　　　　　　　　　1 308 000
　　贷：主营业务收入　　　　　　　　　　　　　　　　　　　　　　1 200 000
　　　　应交税费——应交增值税(销项税额)　　　　　　　　　　　　108 000

借：主营业务成本　　　　　　　　　　　　　　　　　　　　1 000 000
　　贷：合同履约成本　　　　　　　　　　　　　　　　　　　　　　1 000 000

考一考

20×2年12月1日，甲公司与乙公司签订一份为期3个月的服务合同，合同总价款120万元（不含增值税），当日收到乙公司预付合同款30万元。截至月末该服务合同的履约进度为40%，符合按履约进度确认收入的条件。不考虑其他因素，甲公司20×2年12月应确认的服务收入为（　　）万元。
A. 40　　　　　　B. 12　　　　　　C. 30　　　　　　D. 48

(二) 合同负债

合同负债是指企业已收或应收客户对价而应向客户转让商品的义务。对于尚未向客户履行转让商品的义务而已收或应收客户对价中的增值税部分，因不符合合同负债的定义，不应确认为合同负债。

【例9-10】 华东公司为增值税一般纳税人，经营一家健身俱乐部。20×2年9月1日，公司与某客户签订合同，收取会员费6 360元，该客户可在未来的12个月内在俱乐部健身，且没有次数的限制。该业务适用的增值税税率为6%。公司编制如下会计分录：

(1) 20×2年9月1日，收到会员费时：

借：银行存款　　　　　　　　　　　　　　　　　　　　　　　　6 360
　　贷：合同负债　　　　　　　　　　　　　　　　　　　　　　　　　6 000
　　　　应交税费——待转销项税额　　　　　　　　　　　　　　　　　　360

(2) 20×2年9月30日，确认收入，同时将对应的待转销项税额确认为销项税额时：

借：合同负债　　　　　　　　　　　　　　　　　　　　　　　　500
　　应交税费——待转销项税额　　　　　　　　　　　　　　　　　　30
　　贷：主营业务收入　　　　　　　　　　　　　　　　　　　　　　　500
　　　　应交税费——应交增值税(销项税额)　　　　　　　　　　　　　30

任务二　费用的核算

一、费用概述

(一) 营业成本

企业为生产产品、提供劳务等发生的可归属于产品成本、劳务成本等的费用,应当在确认销售商品收入、提供劳务收入等时,将已销售商品、已提供服务的成本确认为营业成本。

(二) 税金及附加

税金及附加是指企业经营活动应负担的相关税费,包括消费税、城市维护建设税、教育费附加、资源税、土地增值税、房产税、环境保护税、城镇土地使用税、车船税和印花税等。

(三) 期间费用

期间费用是指企业日常活动发生的不能计入特定核算对象的成本,而应计入发生当期损益的费用,包括销售费用、管理费用和财务费用。

二、费用的确认和计量

费用应按照权责发生制确认,凡应属于本期发生的费用,不论其款项是否支付,均确认为本期费用;反之,不属于本期发生的费用,即使其款项已在本期支付,也不确认为本期费用。

三、费用核算的账户设置

(一) "税金及附加"账户

"税金及附加"属于损益类账户,用于核算企业经营活动发生的消费税、城市维护建设税、资源税和教育费附加和资源税及房产税、土地使用税、车船税、印花税等相关税费。其账户结构如图9-12所示。

图 9-12　"税金及附加"账户结构

(二) "销售费用"账户

"销售费用"属于损益类账户,用于核算企业销售商品和材料、提供服务的过程中发生的各种费用,包括企业在销售商品过程中发生的保险费、包装费、展览费、广告费、商品维修费、预计产品质量保证损失、运输费、装卸费等,以及为销售本企业商品而专设的销售机构(含销售网点、售后服务网点等)的职工薪酬、业务费、折旧费等经营费用。企业发生的与专设销售机构相关的固定资产修理费用等后续支出也属于销售费用。其账户结构如图9-13所示。

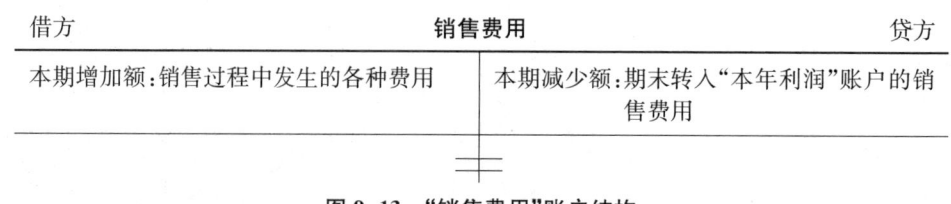

图9-13 "销售费用"账户结构

企业一般按费用项目设置明细账进行明细分类核算。

(三)"管理费用"账户

"管理费用"属于损益类账户,用于核算企业为组织和管理生产经营发生的各种费用,包括企业在筹建期间内发生的开办费、董事会和行政管理部门在企业的经营管理中发生的以及应由企业统一负担的公司经费、行政管理部门负担的工会经费、董事会费、聘请中介机构费、咨询费、诉讼费、业务招待费、技术转让等。其账户结构如图9-14所示。

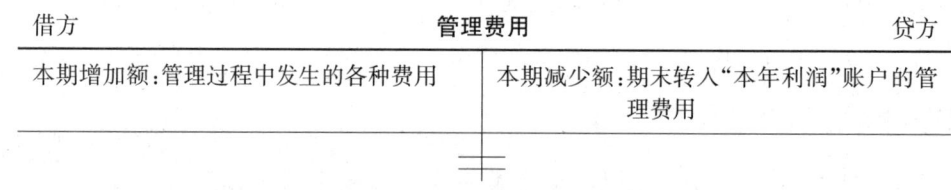

图9-14 "管理费用"账户结构

企业一般按费用项目设置明细账进行明细分类核算。

(四)"财务费用"账户

"财务费用"属于损益类账户,用于核算企业为筹集生产经营所需资金而发生的费用,包括应当作为期间费用的利息支出(减利息收入)、汇兑损失(减汇兑收益)以及相关的手续费等。其账户结构如图9-15所示。

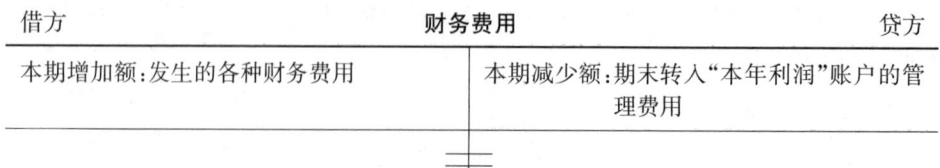

图9-15 "财务费用"账户结构

企业一般按费用项目设置明细账进行明细分类核算。

四、费用核算的账务处理

【例9-11】 20×2年3月,华信公司实际应交增值税55 000元,应交消费税15 000元,城市维护建设税税率7%,教育费附加3%。公司编制如下会计分录:

(1) 计算应交城市维护建设税和教育费附加时：

借：税金及附加　　　　　　　　　　　　　　　　　　　　　　　　　　7 000
　　贷：应交税费——应交城市维护建设税　　　　　　　　　　　　　　　4 900
　　　　　　　　——应交教育费附加　　　　　　　　　　　　　　　　　2 100

(2) 实际缴纳城市维护建设税和教育费附加时：

借：应交税费——应交城市维护建设税　　　　　　　　　　　　　　　　4 900
　　　　　　——应交教育费附加　　　　　　　　　　　　　　　　　　2 100
　　贷：银行存款　　　　　　　　　　　　　　　　　　　　　　　　　　7 000

【例 9-12】 20×2 年 3 月 15 日，用银行存款支付所销产品保险费合计 31 800 元，取得的增值税专用发票上注明的保险费 30 000 元、增值税额 1 800 元。公司编制如下会计分录：

借：销售费用　　　　　　　　　　　　　　　　　　　　　　　　　　　30 000
　　应交税费——应交增值税(进项税额)　　　　　　　　　　　　　　　1 800
　　贷：银行存款　　　　　　　　　　　　　　　　　　　　　　　　　　31 800

任务三　利润的核算

一、利润的构成

(一) 营业利润

营业利润＝营业收入－营业成本－税金及附加－销售费用－管理费用
　　　　　－研发费用－财务费用＋公允价值变动收益(－公允价值变动损失)
　　　　　＋投资收益(－投资损失)＋其他收益－信用减值损失
　　　　　－资产减值损失＋资产处置收益(－资产处置损失)

(二) 利润总额

利润总额＝营业利润＋营业外收入－营业外支出

营业外收入是企业发生的与其日常活动无直接关系的各项利得。营业外支出是企业发生的与其日常活动无直接关系的各项损失。

(三) 净利润

净利润＝利润总额－所得税费用

所得税费用是企业确认的应从当期利润总额中扣除的所得税费用。

二、利润核算的账户设置

(一) "营业外收入"账户

"营业外收入"属于损益类账户，用于核算与企业日常活动无关的政府补助、盘盈利得、捐赠利得、罚没利得和非流动资产毁损报废收益等。其账户结构如图 9-16 所示。

借方	营业外收入	贷方
本期减少额:期末转入"本年利润"账户的营业外收入	本期增加额:企业确认的各项营业外收入	

图 9-16 "营业外收入"账户结构

企业一般按营业外收入的项目设置明细账进行明细分类核算。

(二)"营业外支出"账户

"营业外支出"属于损益类账户,用于核算企业发生的捐赠支出、非常损失、盘亏损失、罚款支出和非流动资产毁损报废损失等。其账户结构如图 9-17 所示。

借方	营业外支出	贷方
本期增加额:企业发生的各项营业外支出	本期减少额:期末转入"本年利润"账户的营业外支出	

图 9-17 "营业外支出"账户结构

企业一般按费用项目设置明细账进行明细分类核算。

(三)"本年利润"账户

"本年利润"属于所有者权益类账户,用于核算企业本年实现的净利润或发生的净亏损。其账户结构如图 9-18 所示。

借方	本年利润	贷方
本期减少额:期末转入的各项成本、费用	本期增加额:期末转入的各项收入	
期末余额:本年累计发生的净亏损	期末余额:本年累计实现的净利润	

图 9-18 "本年利润"账户结构

年度终了,将"本年利润"账户的本年累计余额转入"利润分配——未分配利润"账户。结转后该账户年末无余额。

(四)"所得税费用"账户

"所得税费用"属于损益类账户,用于核算企业所得税费用的确认及其结转情况。其账户结构如图 9-19 所示。

借方	所得税费用	贷方
本期增加额:按规定计算出的所得税费用	本期减少额:期末转入"本年利润"账户的所得税费用	

图 9-19 "所得税费用"账户结构

三、利润核算的账务处理

(一)营业外收支的账务处理

【例 9-13】 20×2 年 12 月,华信公司转销经批准盘盈的现金 200 元。公司编制如下会计分录:

借:待处理财产损溢　　　　　　　　　　　　　　　　　　　　　　　200
　　贷:营业外收入——盘盈利得　　　　　　　　　　　　　　　　　　　200

【例 9-14】　华信公司取得捐赠 2 000 元,已存入银行。公司编制如下会计分录:

借:银行存款　　　　　　　　　　　　　　　　　　　　　　　　2 000
　　贷:营业外收入——捐赠利得　　　　　　　　　　　　　　　　　　2 000

【例 9-15】　华信公司按规定转销无法支付的应付款项 3 000 元。公司编制如下会计分录:

借:应付账款　　　　　　　　　　　　　　　　　　　　　　　　3 000
　　贷:营业外收入——其他利得　　　　　　　　　　　　　　　　　　3 000

> 下列各项中,报经批准后计入营业外支出的是(　　　)。
> A. 生产车间固定资产折旧费　　　　B. 采购原材料途中发生的合理损耗
> C. 台风导致的库存材料盘亏净损失　　D. 出售生产设备产生的处置净损失

(二) 本年利润的账务处理

企业每月月末都要将各损益类账户的发生额,转入"本年利润"账户。

【例 9-16】　20×2 年 12 月,华信公司有关损益类账户的本期发生额如表 9-1 所示。

表 9-1　　　　　　　　　　　损益类账户本期发生额表　　　　　　　　　　　单位:元

账户名称	贷方发生额	账户名称	借方发生额
主营业务收入	1 200 000	主营业务成本	800 000
其他业务收入	140 000	其他业务成本	80 000
公允价值变动损益	30 000	税金及附加	16 000
投资收益	120 000	销售费用	100 000
营业外收入	10 000	管理费用	154 000
		财务费用	40 000
		资产减值损失	20 000
		营业外支出	50 000

公司编制如下会计分录:
(1) 结转收入、收益时:

借:主营业务收入　　　　　　　　　　　　　　　　　　　　1 200 000
　　其他业务收入　　　　　　　　　　　　　　　　　　　　　140 000
　　公允价值变动损益　　　　　　　　　　　　　　　　　　　　30 000
　　投资收益　　　　　　　　　　　　　　　　　　　　　　　120 000
　　营业外收入　　　　　　　　　　　　　　　　　　　　　　　10 000
　　贷:本年利润　　　　　　　　　　　　　　　　　　　　　1 500 000

(2) 结转成本、费用时:

借:本年利润		1 260 000
贷:主营业务成本		800 000
其他业务成本		80 000
税金及附加		16 000
销售费用		100 000
管理费用		154 000
财务费用		40 000
资产减值损失		20 000
营业外支出		50 000

（三）所得税费用的账务处理

应纳税所得额＝税前会计利润＋纳税调整增加额－纳税调整减少额

当期应交所得税＝应纳税所得额×所得税税率

【例9-17】 20×2年,华信公司税前会计利润1 397 000元,经查,营业外支出中包括滞纳税收罚款支出20 000元,投资收益中包括国库券利息收入6 500元,无其他纳税调整事项,企业所得税税率25%。公司编制如下会计分录：

（1）计提所得税费用时：

借:所得税费用	352 625
贷:应交税费——应交所得税	352 625

（2）结转所得税费用时：

借:本年利润	352 625
贷:所得税费用	352 625

（3）结转本年净利润时：

借:本年利润	1 044 375
贷:利润分配——未分配利润	1 044 375

同步训练

1. 20×2年7月,光阴公司发生的收入业务如下：

（1）20×2年7月3日,向甲公司销售一批商品,开出增值税专用发票注明价款400 000元,增值税额52 000元。收到对方签发的银行承兑汇票一张,面值452 000元。该批商品由本单位运输队负责运输,开出增值税专用发票注明运费3 000元,增值税额270元,款未收。该商品成本310 000元。

（2）20×2年7月5日,向乙公司销售一批商品,开出增值税专用发票注明价款200 000元,增值税额26 000元,该商品成本140 000元。销售时得知乙公司财务发生困难,但为了维持与乙公司的长期合作关系,光阴公司仍然发出商品。

（3）20×2年7月30日,乙公司经营出现好转,签发转账支票偿还价税款。

要求：编制光阴公司以上经济业务的会计分录。

2. 俊杰公司为增值税一般纳税人,增值税税率13%,20×2年10月发生有关销售的经济业务如下：

(1) 20×2年10月，向佳明公司销售B商品一批，开具的增值税专用发票上注明价款80 000元、增值税额10 400元，对方开出一张为期6个月的金额为92 800元的商业承兑汇票。

(2) 20×2年10月，向佳诚公司销售C商品500件，合同规定销售单价200元，开具的增值税专用发票上注明价款100 000元、增值税额13 000元，现金折扣条件"2/10，1/20，N/30"，计算折扣时不考虑增值税。当日C商品发出，佳诚公司收到商品并验收入库。俊杰公司基于对客户的了解，预计客户在20天内付款的概率为95%。

(3) 20×2年9月，委托给佳润公司销售的D商品，收到的代销清单上注明D商品100件全部售出，为佳润公司开具了增值税专用发票，注明价款50 000元，增值税额6 500元（协议约定按不含税售价的10%从货款中扣除代销手续费）；5天后收到佳润公司的价税款存入开户银行。

要求：编制俊杰公司以上经济业务的会计分录。

3. 嘉嘉公司20×2年6月发生以下经济业务：

(1) 20×2年6月，公司收到银行通知，本季度存款利息1 000元已存入开户银行。

(2) 20×2年6月，以银行存款支付业务招待费2 500元。

(3) 20×2年6月，办理一张银行承兑汇票，支付手续费50元，取得增值税专用发票注明税额3元。

(4) 20×2年6月，计提专设销售机构使用固定资产的折旧400元。

(5) 20×2年6月，月末支付本季度短期借款利息1 800元（前2个月已经计提1 200元）。

(6) 20×2年6月，计提本月管理部门的社会保险费4 000元。

(7) 20×2年6月，结转本月管理费用50 000元，财务费用6 000元，销售费用4 000元。

要求：编制嘉嘉公司以上经济业务的会计分录。

4. 大华公司成立于20×1年5月，20×2年年初"利润分配——未分配利润"账户借方余额580 000元。20×2年12月有关损益类账户累计发生额，如表9-2所示。

表9-2　　　　　　　　　　　损益类账户累计发生额　　　　　　　　　　单位：元

账户名称	借方发生额	账户名称	贷方发生额
主营业务成本	12 928 000	主营业务收入	16 860 000
其他业务成本	260 000	其他业务收入	400 000
税金及附加	360 000	投资收益	120 000
销售费用	250 000	营业外收入	230 000
管理费用	180 000		
财务费用	120 000		
营业外支出	232 000		
合计	14 330 000	合计	17 610 000

其中，投资收益中含国债利息收入50 000元，营业外支出中含被环保部门罚款支出

40 000元,超过规定标准的捐赠支出62 000元,所得税税率25%,无其他纳税调整事项。该公司按税后利润的10%提取法定盈余公积,向投资者分配现金股利724 320元。

要求:

(1) 编制提取并结转所得税费用的会计分录。

(2) 编制提取法定盈余公积的会计分录。

(3) 编制向投资者分配现金股利的会计分录。

(4) 编制利润分配年终结转的会计分录。

项目十　财务报告

 **项目描述**

财务报告是指企业对外提供的反映企业某一特定日期的财务状况和某一会计期间的经营成果、现金流量等会计信息的文件。本项目重点介绍财务报告的基本概念、编制要求及主要财务会计报表的编制。

 学习目标

知识目标
1. 了解财务报表的概念。
2. 理解财务报表的分类和编制的基本要求。
3. 理解资产负债表的概念、作用、列示要求和一般格式。
4. 理解利润表的概念、作用、列示要求和一般格式。
5. 掌握资产负债表、利润表的编制方法。

能力目标
1. 能够正确编制资产负债表。
2. 能够正确编制利润表。

素质目标
1. 培养"诚信为本、操守为重、坚持准则、不做假账"的会计人员基本素养。
2. 培养遵纪守法、廉洁自律意识,增强责任担当。

 案例导入

康得新财务造假案是一起上市公司连续多年财务造假的典型案例,被证监会列为2020年度证券稽查20起典型违法案之首。2019年1月,康得新手握"巨额现金"(财务报告银行存款余额144亿元,实际余额为0)却无法足额偿付10亿元短期融资券本息。直到证监会调查后,一场精心策划的百亿级财务造假大案才浮出水面。2015年1月至2018年12月,康得新通过虚构销售业务、虚构采购、生产、研发费用、产品运输费用等方式,虚增营业收入、营业成本、研发费用和销售费用,导致2015至2018年年度报告虚增利润总额分别为22.43亿元、29.43亿元、39.08亿元和24.36亿元,分别占各年度报告披露利润总额的136.22%、127.85%、134.19%和711.29%。

（摘自《中国证券监督委员会行政处罚决定书》处罚字[2020]71号）

案例中,康得新连续多年财务造假给我们什么警示?

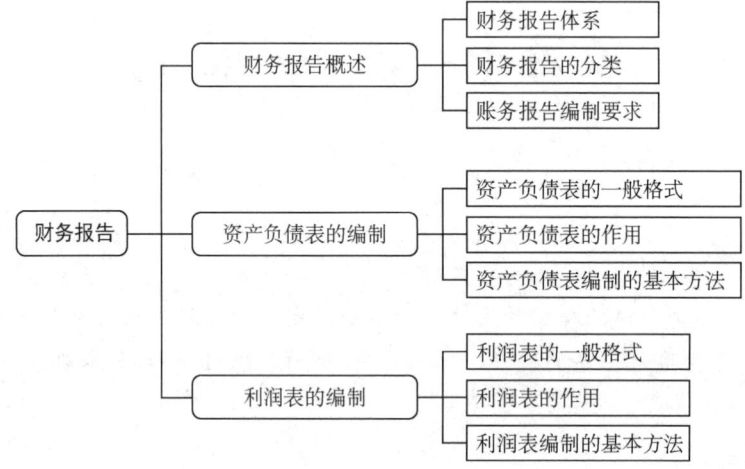

任务一 财务报告概述

一、财务报告体系

财务报告包括财务报表和其他应当在财务报告中披露的相关信息和资料。财务报表是财务报告的主体和核心内容,其他应当在财务报告中披露的相关信息和资料是对财务报表的补充和说明,两者共同构成财务报告体系。

财务报表又称财务会计报表,是指对企业财务状况、经营成果和现金流量的结构性表述。一套完整的财务报表至少应当包括"四表一注",即资产负债表、利润表、现金流量表、所有者权益变动表和附注,并且这些组成部分在列报上具有同等的重要程度。附注是对在资产负债表、利润表、现金流量表和所有者权益变动表等报表中列示项目的文字描述或明细资料,以及对未能在这些报表中列示项目的说明等。

> 财务报表列报是指交易和事项在报表中的列示和在附注中的披露。其中,"列示"通常反映资产负债表、利润表、现金流量表和所有者权益(或股东权益)变动表等报表的信息;相对于"列示"而言,"披露"通常主要反映附注中的信息。

二、财务报告的分类

财务报告按照编报时间,分为年报和中期报告。年报是年度财务报告的简称,是指以会计年度为基础编制的财务报告。中期报告是中期财务报告的简称,是指以中期为基础编制的财务报告。

中期财务报告至少应当包括资产负债表、利润表、现金流量表和附注。中期资产负债表、利润表和现金流量表应当是完整报表,其格式和内容应当与上年度财务报表相一致。中期报告分为月度报告(简称月报)、季度报告(简称季报)和半年度报告(简称半年报)。

财务报表相应分为年度财务会计报表和中期财务会计报表。中期财务报表分为月度、季度和半年度财务会计报表。

三、财务报告编制要求

会计报表应当依据国家统一会计制度要求,根据登记完整、核对无误的会计账簿记录和其他有关资料编制,做到数字真实、计算准确、内容完整、说明清楚。

企业编制财务报表时应当对企业持续经营能力进行评估;除了现金流量表信息,企业应当按照权责发生制编制财务报表;企业财务报表项目的列报应当在各个会计期间保持一致;企业单独列报或汇总列报相关项目时应当遵循重要性原则;企业财务报表项目一般不得以金额抵销后的净额列报;企业应当列报可比会计期间的比较数据等。

(一)依据各项会计准则确认和计量的结果编制财务报表

企业应当根据实际发生的交易和事项,遵循会计基本准则和各项具体会计准则及解释的规定进行确认和计量,并在此基础上编制财务报表。

(二)列报基础

企业应当以持续经营为基础编制财务报表。企业在评估持续经营能力时应当综合考虑企业的具体情况。

(三)会计基础

除了现金流量表按照收付实现制编制,企业应当按照权责发生制编制其他财务报表。在采用权责发生制的情况下,当项目符合基本准则中财务报表要素的定义和确认标准时,企业就应当确认相应的资产、负债、所有者权益、收入和费用,并在财务报表中加以反映。

(四)列报的一致性

财务报表项目的列报应当在各个会计期间保持一致,不得随意变更,包括财务报表中的项目名称和财务报表项目的分类、排列顺序等方面都应保持一致。

(五)依据重要性原则单独或汇总列报项目

重要性是判断财务报表项目是否单独列报的重要标准。重要性是指在合理预期下,如果财务报表某项目的省略或错报会影响使用者据此作出经济决策的,则该项目就具有重要性。

对于财务报表中的项目是单独列报还是汇总列报,应当依据重要性原则来判断。如果某项目单个看不具有重要性,则可将其与其他项目汇总列报;如具有重要性,则应当单独列报。

(六)总额列报

财务报表项目应当以总额列报,资产和负债、收入和费用、直接计入当期利润的利得项目和损失项目的金额不能相互抵销,即不得以净额列报,另有规定的除外。

(七) 比较信息的列报

通常情况下,企业列报的所有项目至少包括两期各报表及相关附注的比较数据。

(八) 财务报表表首的列报

企业在财务报表的显著位置(通常是表首部分)应当至少披露编报企业的名称、资产负债表日或财务报表涵盖的会计期间、人民币金额单位、财务报表是合并财务报表的,应当予以标明。

任务二 资产负债表的编制

 知识课堂

资产负债表是反映企业在某一特定日期的财务状况的报表,是对企业特定日期的资产、负债和所有者权益的结构性表述。它反映企业在某一特定日期所拥有或控制的经济资源、所承担的现时义务和所有者对净资产的要求权。

资产负债表是根据"资产=负债+所有者权益"这一平衡公式,以各具体项目的性质和功能作为分类标准,依次将某一特定日期的资产、负债、所有者权益的具体项目予以适当排列编制而成的。

一、资产负债表的一般格式

资产负债表的结构有账户式和报告式两种。在我国,资产负债表采用账户的格式,即左侧列示资产,右侧列示负债和所有者权益。

资产负债表由表头和表体两部分组成。表头部分应列明报表名称、编表单位名称、资产负债表日和人民币金额单位;表体部分反映资产、负债和所有者权益的内容。其中,表体部分是资产负债表的主体和核心,资产项目按流动性大小排列,负债项目按偿还期限长短排列,所有者权益项目按来源和用途排列。

二、资产负债表的作用

资产负债表的作用包括:

(1) 提供某一日期资产的总额及其结构,表明企业拥有或控制的资源及其分布情况。

(2) 提供某一日期的负债总额及其结构,表明企业未来需要用多少资产或劳务清偿债务以及清偿时间。

(3) 反映所有者所拥有的权益,据以判断资本保值、增值的情况以及对负债的保障程度。

三、资产负债表编制的基本方法

(一) "上年年末余额"栏的填列方法

资产负债表的"上年年末余额"栏通常根据上年年末有关项目的期末余额填列,且与上

年年末资产负债表"期末余额"栏一致。如果企业上年度资产负债表规定的项目名称和内容与本年度不一致,应当对上年年末资产负债表相关项目的名称和数字按照本年度的规定进行调整,填入"上年年末余额"栏内。

(二)"期末余额"栏的填列方法

1. 根据总账账户余额填列

(1)直接根据有关总分类账户余额直接填列。例如,"短期借款""资本公积""盈余公积"等项目,根据"短期借款""资本公积""盈余公积"总账账户的余额直接填列。

> 下列各项中,资产负债表中"期末余额"根据总账账户余额直接填列的项目是(　　)。
> A. 开发支出　　　　　　　　B. 在建工程
> C. 应付账款　　　　　　　　D. 短期借款

(2)根据总账账户的期末余额分析汇总填列。例如,"货币资金"项目,需根据"库存现金""银行存款""其他货币资金"三个总账账户的期末余额的合计数填列;"其他应付款"项目根据"应付利息""应付股利""其他应付款"账户的期末余额合计数填列。

2. 根据明细账账户余额计算填列

例如,"应付账款"项目,需要根据"应付账款"和"预付账款"两个账户所属的相关明细账户的期末贷方余额计算填列;"预收款项"项目,需要根据"应收账款"账户和"预收账款"账户所属相关明细账户的期末贷方金额合计填列。

3. 根据总账账户和明细账账户余额分析计算填列

例如,"长期借款"项目,需要根据"长期借款"总账账户余额扣除"长期借款"账户所属的明细账户中将在1年内到期且企业不能自主地将清偿义务展期的长期借款后的金额计算填列;"长期待摊费用"项目,应根据"长期待摊费用"账户的期末余额减去将于1年内(含1年)摊销的数额后的金额填列;"其他非流动资产"项目,应根据有关账户的期末余额减去将于1年内(含1年)收回数后的金额计算填列;"其他非流动负债"项目,应根据有关账户的期末余额减去将于1年内(含1年)到期偿还数后的金额计算填列。

4. 根据有关账户余额减去其备抵账户余额后的净额填列

例如,资产负债表中"应收票据""应收账款""长期股权投资""在建工程"等项目,应当根据"应收票据""应收账款""长期股权投资""在建工程"等账户的期末余额减去"坏账准备""长期股权投资减值准备""在建工程减值准备"等备抵账户余额后的净额填列;"无形资产"项目,应当根据"无形资产"账户的期末余额,减去"累计摊销""无形资产减值准备"等备抵账户余额后的净额填列。

5. 综合运用上述填列方法分析填列

例如,资产负债表中的"存货"项目,需要根据"原材料""库存商品""委托加工物资""周转材料""材料采购""在途物资""发出商品""材料成本差异"等总账账户期末余额的分析汇总数,减去"存货跌价准备"账户余额后的净额填列。

考一考

20×2年12月31日,某企业有关账户期末借方余额如下,原材料55万元,库存商品35万元,生产成本65万元,材料成本差异8万元。不考虑其他因素,20×2年12月31日,该企业资产负债表中"存货"项目期末余额填列的金额为（　　）万元。

A. 155　　　　　　B. 90　　　　　　C. 147　　　　　　D. 163

(三) 资产负债表项目的填列说明

【例10-1】 20×2年12月31日,华信公司有关账户余额表,如表10-1所示。

表10-1　　　　　　　　　　　　　　　科目余额表　　　　　　　　　　　　　　　单位:元

账户名称	借方余额	贷方余额	账户名称	借方余额	贷方余额
库存现金	2 000		短期借款		650 000
银行存款	230 600		应付票据		320 000
其他货币资金	80 000		应付账款		480 000
交易性金融资产	118 000		——华光公司		140 000
应收票据	245 000		——常兴公司		360 000
应收账款	310 000		——宏大公司	20 000	
——华美公司	120 000		预收账款		20 000
——华帝公司	240 000		——常安公司	8 000	
——华南公司		50 000	——宏兴公司		28 000
坏账准备		4 250	其他应付款		150 000
——应收账款		3 250	应付职工薪酬		76 000
——其他应收款		1 000	应交税费		87 000
其他应收款	86 000		应付股利		380 000
预付账款	80 000		长期借款		1 600 000
——华兰公司	120 000		其中:一年内到期的长期借款		300 000
——华盛公司		40 000	实收资本		9 000 000
材料采购	460 000		资本公积		560 000
原材料	673 000		盈余公积		750 000
周转材料	23 000		利润分配		900 000
低值易耗品	140 000				
库存商品	256 000				

(续表)

账户名称	借方余额	贷方余额	账户名称	借方余额	贷方余额
材料成本差异	4 050				
存货跌价准备		13 000			
长期股权投资	509 600				
固定资产	9 960 000				
累计折旧		860 000			
固定资产减值准备		60 000			
工程物资	30 000				
在建工程	620 000				
无形资产	1 260 000				
累计摊销		60 000			
长期待摊费用					
生产成本	883 000				

根据资料编制华信公司20×2年资产负债表。

1. 资产项目的填列说明

(1)"货币资金"项目应根据"库存现金""银行存款""其他货币资金"总账账户期末余额的合计数填列。

"货币资金"项目金额＝2 000＋230 600＋80 000＝312 600(元)

(2)"交易性金融资产"项目应根据"交易性金融资产"账户的相关明细账户期末余额分析填列。

"交易性金融资产"项目金额＝118 000(元)

(3)"应收票据"项目应根据"应收票据"账户的期末余额,减去"坏账准备"账户中相关坏账准备期末余额后的金额分析填列。

"应收票据"项目金额＝245 000(元)

(4)"应收账款"项目应根据"应收账款"明细账户借方余额及"预收收账款"明细账户借方余额合计,减去"坏账准备"账户中相关坏账准备期末余额后的金额分析填列。

"应收账款"项目金额＝120 000＋240 000＋8 000－3 250＝364 750(元)

(5)"预付款项"项目应根据"预付账款"及"应付账款"账户所属各明细账户的期末借方余额合计数,减去"坏账准备"账户中有关预付账款计提的坏账准备期末余额后的净额填列。

"预付款项"项目金额＝120 000＋20 000＝140 000(元)

(6)"其他应收款"项目应根据"应收利息""应收股利"及"其他应收款"账户的期末余额

合计数,减去"坏账准备"账户中相关坏账准备期末余额后的金额填列。

$$\text{"其他应收款"项目金额}=86\,000-1\,000=85\,000(元)$$

(7) "存货"项目应根据"材料采购""原材料""库存商品""周转材料""委托加工物资""发出商品""生产成本""受托代销商品"等账户的期末余额合计数,减去"受托代销商品款""存货跌价准备"账户期末余额后的净额填列。材料采用计划成本核算,以及库存商品采用计划成本核算或售价核算的企业,还应按加或减材料成本差异、商品进销差价后的金额填列。

$$\begin{aligned}\text{"存货"项目金额}&=460\,000+673\,000+23\,000+140\,000+256\,000\\&\quad+4\,050+883\,000+883\,000-13\,000\\&=2\,426\,050(元)\end{aligned}$$

(8) "一年内到期的非流动资产"项目应根据有关账户的期末余额分析填列。

(9) "长期股权投资"项目应根据"长期股权投资"账户的期末余额,减去"长期股权投资减值准备"账户的期末余额后的净额填列。

$$\text{"长期股权投资"项目金额}=509\,600(元)$$

(10) "固定资产"项目应根据"固定资产"账户的期末余额,减去"累计折旧"和"固定资产减值准备"账户的期末余额后的金额,以及"固定资产清理"账户的期末余额填列。

$$\text{"固定资产"项目金额}=9\,960\,000-860\,000-60\,000=9\,040\,000(元)$$

(11) "在建工程"项目应根据"在建工程"账户的期末余额,减去"在建工程减值准备"账户的期末余额后的金额,以及"工程物资"账户的期末余额,减去"工程物资减值准备"账户的期末余额后的金额填列。

$$\text{"在建工程"项目金额}=620\,000+30\,000=650\,000(元)$$

(12) "无形资产"项目应根据"无形资产"账户的期末余额,减去"累计摊销"和"无形资产减值准备"账户期末余额后的净额填列。

$$\text{"无形资产"项目金额}=1\,260\,000-60\,000=1\,200\,000(元)$$

(13) "开发支出"项目应当根据"研发支出"账户所属的"资本化支出"明细账户期末余额填列。

(14) "长期待摊费用"项目应根据"长期待摊费用"账户的期末余额,减去将于1年内(含1年)摊销的数额后的金额分析填列。但长期待摊费用的摊销年限只剩1年或不足1年的,或预计在1年内(含1年)进行摊销的部分,不得归类为流动资产,仍在各该非流动资产项目中填列,不转入"一年内到期的非流动资产"项目。

(15) "其他非流动资产"项目应根据有关账户的期末余额填列。

2. 负债项目的填列说明

(1) "短期借款"项目应根据"短期借款"账户的期末余额填列。

$$\text{"短期借款"项目金额}=650\,000(元)$$

(2)"应付票据"项目应根据"应付票据"账户的期末余额填列。

"应付票据"项目金额＝320 000(元)

(3)"应付账款"项目应根据"应付账款"和"预付账款"账户所属的相关明细账户的期末贷方余额合计数填列。

"应付账款"项目金额＝140 000＋360 000＋40 000＝540 000(元)

(4)"预收款项"项目应根据"预收账款"和"应收账款"账户所属各明细账户的期末贷方余额合计数填列。例如,"预收账款"账户所属明细账户期末为借方余额的,应在资产负债表"应收账款"项目内填列。

"预收款项"项目金额＝28 000＋50 000＝78 000(元)

(5)"合同负债"项目应根据"合同负债"的相关明细账户期末余额分析填列。

(6)"应付职工薪酬"项目应根据"应付职工薪酬"账户所属各明细账户的期末贷方余额分析填列。

"应付职工薪酬"项目金额＝76 000(元)

(7)"应交税费"项目应根据"应交税费"账户的期末贷方余额填列。

"应交税费"项目金额＝87 000(元)

(8)"其他应付款"项目应根据"应付利息""应付股利""其他应付款"账户的期末余额合计数填列。

"其他应付款"项目金额＝150 000＋380 000＝530 000(元)

(9)"一年内到期的非流动负债"项目,应根据有关账户的期末余额分析填列。

"一年内到期的非流动负债"项目金额＝300 000(元)

(10)"长期借款"项目应根据"长期借款"账户的期末余额,扣除"长期借款"账户所属的明细账户中将在资产负债表日起1年内到期且企业不能自主地将清偿义务展期的长期借款后的金额计算填列。

"长期借款"项目金额＝1 600 000－300 000＝1 300 000(元)

(11)"其他非流动负债"项目应根据有关账户期末余额,减去将于1年内(含1年)到期偿还数后的余额分析填列。

3. 所有者权益项目的填列说明

(1)"实收资本(或股本)"项目应根据"实收资本(或股本)"账户的期末余额填列。

"实收资本"项目金额＝9 000 000(元)

(2)"资本公积"项目应根据"资本公积"账户的期末余额填列。

"资本公积"项目金额＝560 000(元)

(3)"盈余公积"项目应根据"盈余公积"账户的期末余额填列。

"盈余公积"项目金额＝750 000(元)

(4)"未分配利润"项目应根据"本年利润"账户和"利润分配"账户的余额计算填列。未弥补的亏损在本项目内以"－"号填列。

"未分配利润"项目金额＝900 000(元)

华信公司编制的20×2年12月31日资产负债表，如表10-2所示。

表10-2 资产负债表

编制单位：华信公司　　　　　　　　20×2年12月31日　　　　　　　　　　　单位：元

资产	期末余额	上年年末余额	负债和所有者权益（或股东权益）	期末余额	上年年末余额
流动资产：			流动负债：		
货币资金	312 600		短期借款	650 000	
交易性金融资产	118 000		交易性金融负债		
应收票据	245 000		应付票据	320 000	
应收账款	364 750		应付账款	540 000	
预付款项	140 000		预收款项	78 000	
其他应收款	85 000		合同负债		
存货	2 426 050		应付职工薪酬	76 000	
合同资产			应交税费	87 000	
持有待售资产			其他应付款	530 000	
一年内到期的非流动资产			一年内到期的非流动负债	300 000	
其他流动资产			其他流动负债		
流动资产合计	3 691 400		流动负债合计	2 581 000	
非流动资产：			非流动负债：		
债权投资			长期借款	1 300 000	
其他债权投资			应付债券		
长期应收款			租赁负债		
长期股权投资	509 600		长期应付款		
其他权益工具投资			专项应付款		
其他非流动金融资产			预计负债		
投资性房地产			递延所得税负债		
固定资产	9 040 000		其他非流动负债		

(续表)

资产	期末余额	上年年末余额	负债和所有者权益（或股东权益）	期末余额	上年年末余额
在建工程	650 000		非流动负债合计	1 300 000	
生产性生物资产			负债合计	3 881 000	
油气资产			所有者权益(或股东权益)		
使用权资产			实收资本(或股本)	9 000 000	
无形资产	1 200 000		资本公积	560 000	
开发支出			减:库存股		
商誉			盈余公积	750 000	
长期待摊费用			未分配利润	900 000	
递延所得税资产			所有者权益(股东权益)合计	11 210 000	
其他非流动资产					
非流动资产合计	11 399 600				
资产总计	15 091 000		负债和所有者权益（股东权益）总计	15 091 000	

任务三 利润表的编制

 知识课堂

利润表是指反映企业在一定会计期间经营成果的报表。利润表是根据"收入－费用＝利润"这一会计等式设计的。

一、利润表的一般格式

利润表的格式有多步式利润表和单步式利润表两种。我国企业的利润表采用的是多步式，分为三个主要步骤。

（一）计算营业利润

营业利润是以营业收入为基础，减去营业成本、税金及附加、销售费用、管理费用、财务费用、信用减值损失和资产减值损失，加上公允价值变动收益（减去公允价值变动损失）、投资收益（减去投资损失）、资产处置收益（减去损失）和其他收益，计算出营业利润。

（二）计算利润总额

以上一步骤计算出的营业利润为基础，加上营业外收入，减去营业外支出，计算出利润总额。

（三）计算净利润（或净亏损）

净利润是以利润总额为基础，减去所得税费用，计算出净利润（或净亏损）。

二、利润表的作用

通过利润表可以了解企业一定期间收入、费用及利润的构成情况，便于分析企业生产经营的收益和耗费情况。同时，通过利润表提供的不同时期的比较数字（本期金额、上期金额），可以分析企业未来盈利趋势及获利能力。

三、利润表编制的基本方法

（一）"上期金额"栏的填列方法

利润表中各项目的"上期金额"栏内各项数据，应根据上年该期利润表的"本期金额"栏所列数据填列。

（二）"本期金额"栏的填列方法

利润表中各项目"本期金额"栏反映本期的实际发生数，各项数字应当按照相关账户的发生额分析填列。

(1) 本期金额根据有关损益类账户的本期发生额直接或加计填列。

(2) 本期金额根据表内数字计算填列。

> 甲公司为增值税一般纳税人。20×2年12月22日，销售M商品200件，每件商品的标价为6万元（不含增值税）。给予购货方200万元的商业折扣。M商品适用的增值税税率为13%，开具增值税专用发票，销售商品符合收入确认条件。不考虑其他因素，甲公司20×2年度利润表中"营业收入"项目"本期金额"栏的填列金额增加为（　　）万元。
> A. 1 130　　　B. 1 000　　　C. 1 356　　　D. 1 200

（三）利润表项目的填列说明

华信公司 20×2 年"所得税费用"账户以外的有关损益类账户的本期发生额，如表 10-3 所示。

表 10-3　　　　损益类账户的本期发生额　　　　单位：元

账户名称	借方发生额	贷方发生额
主营业务收入		12 700 000
主营业务成本	9 640 000	
税金及附加	210 000	
其他业务收入		580 000
其他业务成本	350 000	
销售费用	940 000	

(续表)

账户名称	借方发生额	贷方发生额
管理费用	760 000	
财务费用	118 000	
资产减值损失	30 000	
公允价值变动收益		20 000
投资收益		180 000
营业外收入		46 000
营业外支出	81 000	

经查,营业外支出中包括滞纳税收罚款支出 20 000 元,投资收益中包括国库券利息收入 6 500 元,无其他纳税调整项目。该企业所得税税率为 25%。

利润表项目填列说明:

(1) "营业收入"项目应根据"主营业务收入"和"其他业务收入"账户的发生额分析填列。

"营业收入"项目金额=12 700 000+580 000=13 280 000(元)

(2) "营业成本"项目应根据"主营业务成本"和"其他业务成本"账户的发生额分析填列。

"营业成本"项目金额=9 640 000+350 000=9 990 000(元)

(3) "税金及附加"项目应根据"税金及附加"账户的发生额分析填列。

"税金及附加"项目金额=210 000(元)

(4) "销售费用"项目应根据"销售费用"账户的发生额分析填列。

"销售费用"项目金额=940 000(元)

(5) "管理费用"项目应根据"管理费用"账户的发生额分析填列。

"管理费用"项目金额=760 000(元)

(6) "研发费用"项目应根据"管理费用"账户下的"研发费用"明细账户的发生额以及"管理费用"账户下"无形资产摊销"明细账户的发生额分析填列。

(7) "财务费用"项目应根据"财务费用"账户的相关明细账户发生额分析填列。其中:"利息费用"项目,反映企业为筹集生产经营所需资金等而发生的应予费用化的利息支出,本项目应根据"财务费用"账户的相关明细账户的发生额分析填列。"利息收入"项目,反映企业应冲减财务费用的利息收入,本项目应根据"财务费用"账户的相关明细账户的发生额分析填列。

"财务费用"项目金额=118 000(元)

(8) "投资收益"项目应根据"投资收益"账户的发生额分析填列。如为投资损失,本项目以"一"号填列。

$$\text{"投资收益"项目金额} = 180\,000(元)$$

(9)"公允价值变动收益"项目应根据"公允价值变动损益"账户的发生额分析填列,如为净损失,本项目以"一"号填列。

$$\text{"公允价值变动收益"项目金额} = 20\,000(元)$$

(10)"信用减值损失"项目应根据"信用减值损失"账户的发生额分析填列。

(11)"资产减值损失"项目应根据"资产减值损失"账户的发生额分析填列。

$$\text{"资产减值损失"项目金额} = 30\,000(元)$$

(12)"资产处置收益"项目应根据"资产处置损益"账户的发生额分析填列。如为处置损失,本项目以"一"号填列。

(13)"营业利润"项目,反映企业实现的营业利润。如为亏损,本项目以"一"号填列。

$$\begin{aligned}\text{"营业利润"项目金额} &= 13\,280\,000 - 9\,990\,000 - 210\,000 - 940\,000 - 760\,000 \\ &\quad - 118\,000 + 1\,800\,000 + 20\,000 - 300\,000 \\ &= 1\,432\,000(元)\end{aligned}$$

(14)"营业外收入"项目应根据"营业外收入"账户的发生额分析填列。

$$\text{"营业外收入"项目金额} = 46\,000(元)$$

(15)"营业外支出"项目应根据"营业外支出"账户的发生额分析填列。

$$\text{"营业外支出"项目金额} = 81\,000(元)$$

(16)"利润总额"项目,反映企业实现的利润。如为亏损,本项目以"一"号填列。

$$\text{"利润总额"项目金额} = 1\,432\,000 + 46\,000 - 81\,000 = 1\,397\,000(元)$$

(17)"所得税费用"项目,应根据"所得税费用"账户的发生额分析填列。

$$\text{"所得税费用"项目金额} = (1\,397\,000 + 20\,000 - 6\,500) \times 25\% = 352\,625(元)$$

(18)"净利润"项目,反映企业实现的净利润。如为亏损,本项目以"一"号填列。

$$\text{"净利润"项目金额} = 1\,397\,000 - 352\,625 = 1\,044\,375(元)$$

华信公司编制的20×2年利润表,如表10-4所示。

表10-4 利 润 表

编制单位:华信公司　　　　　　　　　20×2年度　　　　　　　　　　　单位:元

项　　目	本期金额	上期金额
一、营业收入	13 280 000	
减:营业成本	9 990 000	
税金及附加	210 000	

(续表)

项 目	本期金额	上期金额
销售费用	940 000	
管理费用	760 000	
研发费用		
财务费用	118 000	
其中:利息费用		
利息收入		
信用减值损失		
资产减值损失	30 000	
加:其他收益		
投资收益(损失以"—"号填列)	180 000	
公允价值变动收益(损失以"—"号填列)	20 000	
资产处置收益(损失以"—"号填列)		
二、营业利润(亏损以"—"号填列)	1 432 000	
加:营业外收入	46 000	
减:营业外支出	81 000	
三、利润总额(亏损总额以"—"号填列)	1 397 000	
减:所得税费用	352 625	
四、净利润(净亏损以"—"号填列)	1 044 375	

同步训练

1. 惠赐公司20×2年11月30日部分账户期末余额,如表10-5所示。

表10-5　　　　　　　　　　　部分账户期末余额表　　　　　　　　　　单位:元

账户名称	借方余额	贷方余额
库存现金	8 000	
银行存款	600 000	
其他货币资金	60 000	
应收票据	60 000	
应收股利	20 000	
应收利息	10 000	
应收账款——A公司	600 000	
——B公司		200 000
——C公司	300 000	

(续表)

账户名称	借方余额	贷方余额
其他应收款	8 000	
坏账准备——应收账款		8 000
——其他应收款		2 000
预付账款——D公司	100 000	
原材料	600 000	
库存商品	500 000	
生产成本	100 000	
固定资产	9 000 000	
累计折旧		200 000
固定资产减值准备		100 000
在建工程	500 000	
在建工程减值准备		50 000
固定资产清理	20 000	
应付账款——E公司		700 000
——F公司	200 000	
预收账款——G公司		100 000
——H公司	5 000	
应付票据		40 000
其他应付款		6 000
应付股利		50 000
应付利息		10 000
长期借款		4 000 000
本年利润		200 000
利润分配		1 000 000

注:长期借款中有1 000 000元将于20×3年6月30日到期。

要求:根据上述资料,分析各账户期末余额的内在联系,并在资产负债表(简表)(表10-6)中填列货币资金、应收票据、应收账款、预付账款、存货、其他应收款、在建工程、固定资产、应付票据及应付账款、预收账款、其他应付款、一年内到期的非流动负债、长期借款和未分配利润(年初余额略)的金额。

表10-6　　　　　　　　　　　资产负债表(简表)

编制单位:_____　　　　　　_____年___月___日　　　　　　　　　单位:元

资产	期末余额	年初余额	负债及所有者权益	期末余额	年初余额
流动资产:			流动负债:		

(续表)

资产	期末余额	年初余额	负债及所有者权益	期末余额	年初余额
货币资金			应付票据		
应收票据			应付账款		
应收账款			预收账款		
预付账款			其他应付款		
其他应收款			……		
存货			一年内到期的非流动负债		
……			流动负债合计	（略）	
流动资产合计	（略）		非流动负债：		
非流动资产：		（略）	长期借款		（略）
固定资产			……		
在建工程			非流动负债合计	（略）	
……	（略）		负债合计	（略）	
非流动资产合计			所有者权益：		
			……		
			未分配利润		
			所有者权益合计	（略）	
资产总计	（略）		负债和所有者权益总计	（略）	

2. 宏利公司为增值税一般纳税人，有关资料如下：

（1）20×2年11月30日，公司尚未抵扣的增值税进项税额8 000元，已经预缴的企业所得税150 000元。

（2）20×2年1～11月损益类账户发生额，如表10-7所示。

表10-7　　　　　20×2年1～11月损益类科目发生额表　　　　　单位：元

项目名称	借方发生额	贷方发生额
主营业务收入		2 500 000
主营业务成本	1 600 000	
税金及附加	40 000	
销售费用	56 000	
管理费用	90 000（其中：研发费用30 000）	
财务费用	100 000（其中：利息费用150 000；利息收入50 000）	
其他业务收入		80 000
信用减值损失	5 000	

(续表)

项目名称	借方发生额	贷方发生额
其他业务成本	50 000	
营业外收入		16 000
营业外支出	20 000	
投资收益		30 000
资产处置损益		10 000
所得税费用	168 750	
合计	2 129 750	2 636 000

(3) 本公司20×2年12月发生业务如下：

① 购进原材料一批，价款200 000元，增值税税率13%，货款以银行存款支付，材料已验收入库(原材料按实际成本计价核算)。

② 销售商品一批，售价500 000元，增值税税率13%，公司收到一张565 000元的银行汇票存入银行，结转本月的销售成本350 000元。

③ 以银行存款支付发生的管理费用18 500元，销售费用11 500元。

④ 计算并缴纳增值税。

⑤ 按实际缴纳的增值税计算城市维护建设税(7%)和教育费附加(3%)。

⑥ 假定无纳税调整事项，按25%的税率计算12月应纳企业所得税，以银行存款缴纳全年应交未交的企业所得税。

要求：根据以上业务编制宏利公司20×2年度的利润表，如表10-8所示。

表10-8　　　　　　　　　　　　利　润　表

编制单位：＿＿＿＿＿＿　　　　　　　＿＿＿＿＿＿年度　　　　　　　　　　　　单位：元

项　目	本年金额	上年金额
一、营业收入		
减：营业成本		
税金及附加		
销售费用		
管理费用		
研发费用		
财务费用		(略)
其中：利息费用		
利息收入		
信用减值损失		
加：投资收益		

(续表)

项　　目	本年金额	上年金额
资产处置损益		
二、营业利润(损失以"—"号填列)		
加:营业外收入		
减:营业外支出		
三、利润总额(损失以"—"号填列)		
减:所得税费用		
四、净利润(损失以"—"号填列)		